Roberto Zapperi

Der Neid und die Macht

Roberto Zapperi

Der Neid und die Macht

Die Farnese und Aldobrandini im barocken Rom

Aus dem Italienischen von Ingeborg Walter

Verlag C. H. Beck
München

Mit 14 Abbildungen

Die Deutsche Bibliothek – CIP-Einheitsaufnahme

Zapperi, Roberto:
Der Neid und die Macht : Farnese und Aldobrandini im barocken Rom / Roberto Zapperi. Aus dem Ital. von Ingeborg Walter. – München : Beck, 1994
ISBN 3 406 38136 7

ISBN 3 406 38136 7

Für die deutsche Ausgabe:

Gesamtherstellung: Kösel, Kempten
Gedruckt auf alterungsbeständigem (säurefreiem), aus chlorfrei gebleichtem Zellstoff hergestelltem Papier
Printed in Germany

Inhalt

Vorwort

Schon 1978 habe ich an diesem Buch zu arbeiten begonnen. Es sollte von den Beziehungen zwischen dem Maler Annibale Carracci und Kardinal Odoardo Farnese handeln. Doch als ich bereits den größten Teil des Buches geschrieben hatte, mußte ich feststellen, daß sich die Waagschale ganz zur Seite des Kardinals neigte und der Maler, von dem ich damals noch nicht sehr viel wußte, dabei im Schatten blieb. Ich ließ das Manuskript deshalb liegen und beschäftigte mich zunächst näher mit Annibale Carracci. So entstand ein anderes Buch, das 1990 in deutscher Sprache unter dem Titel *Annibale Carracci. Bildnis eines jungen Künstlers* im Verlag Wagenbach in Berlin erschienen ist. Jetzt wußte ich zwar besser, wer Annibale war, als der Kardinal ihn von Bologna nach Rom rief, aber immer noch zu wenig von seiner Arbeit und seinem Sterben in dieser Stadt. Im Mittelpunkt des unterbrochenen Buches stand die berühmte Galerie im Palazzo Farnese, die Annibale im Auftrag des Kardinals ausmalte. Hierbei interessierten mich vor allem die Motive des Auftraggebers und die historischen Hintergründe des großen Projekts, die auch erklären, warum für die Galerie ein erotisches Sujet gewählt wurde. Unter diesem Blickwinkel habe ich das Buch jetzt geschrieben. Der Maler bleibt im Hintergrund, aber ich hoffe, in Zukunft seine schwierigen Beziehungen zum Kardinal beleuchten zu können.

Nun da ich das Buch zum Druck gebe, wenden meine Gedanken sich dem Gedächtnis Giuliano Brigantis zu, der die damals schon fertigen Teile des Buches las und den Inhalt und die Probleme der noch zu schreibenden Kapitel leidenschaftlich mit mir diskutiert hat. Er hat auch die gewagtesten Thesen mit der ihm eigenen Generosität akzeptiert und mich auf jede Weise ermutigt, die Arbeit fortzuführen.

Horst Bredekamp und Christina Riebesell haben das Manuskript gelesen und mir viele nützliche Hinweise gegeben. Ihnen sei hier noch einmal gedankt.

Dieses Buch ist meiner Tochter Giovanna gewidmet.

Erster Teil

Machtspiele und Familienzwist

Neid.

Warum die Aldobrandini die Farnese beneideten und über den Neid im allgemeinen

An einem römischen Sommersonntag des Jahres 1601 fand in der ersten Abendkühle vor dem Palast der Colonna ein Wettkampf statt. Veranstaltet hatte ihn zur eigenen und seiner Standesgenossen Unterhaltung der Sohn des Konnetabel Colonna und dabei an Aufwand nicht gespart. Der ganze Platz bei der Kirche der Hl. Apostel war festlich geschmückt, mit Tribünen ausgestattet und mit kostbaren Tuchen behängt. Viele hatten sich dem Kampf gestellt, aber nur einer errang den Preis, ein Banner aus rotem Damast. Der Sieger war ein Reitknecht des Kardinals Farnese, der am Tage zuvor nach Parma aufgebrochen war und deshalb dem Vergnügen hatte fernbleiben müssen. Jubelnd warf sich der stolze Reitknecht in den Sattel, um seinem Herrn nachzueilen und ihm die Kunde seines Triumphs zu überbringen.

Von den Fenstern des benachbarten Palastes aus – auch dieser gehörte den Colonna – hatten drei andere Kardinäle dem Wettkampf zugeschaut, Pietro Aldobrandini, Cinzio Aldobrandini Passeri und Giovanni Battista Deti, die Neffen des Papstes Clemens VIII. Der Palast, den der Heilige Vater damals zeitweilig mit seinem Hofstaat von Neffen bewohnte, hatte wenig Besonderes aufzuweisen und war jedenfalls nicht entfernt zu vergleichen mit dem grandiosen Bauwerk, aus dem der siegreiche Reitknecht gekommen war. Ein zeitgenössischer Be-

Palazzo Farnese, Kupferstich von G. Vasi, 1754

richt aus dem gleichen Jahr beschreibt den vom Papst bewohnten Palast in allen Einzelheiten, die vielen Säle, kleinen und großen Vorzimmer, die Fenster und Flure, doch vom Palast der Farnese heißt es in diesem Bericht nur, daß er der schönste von ganz Rom sei. Die Aldobrandini besaßen damals noch keinen Palast, der ihrem neuen Rang entsprochen hätte, und selbst als sie den des Herzogs von Urbino (heute Palazzo Doria Pamphili) erworben und ausgebaut hatten, konnten sie sich doch in dieser Hinsicht immer noch nicht mit den Farnese messen.

Die drei Neffen des Papstes verfolgten den Wettkampf mit gespannter Anteilnahme. Ein anonymer Informant hebt dies in seinem «Avviso», wie man die periodisch abgefaßten Berichte mit den neuesten Nachrichten aus Rom zu bezeichnen pflegte, eigens hervor. Er berichtet ganz offensichtlich von Dingen, die er gesehen hat; das Auge liefert ihm den Stoff zu seinem Bericht. Aus der

Menge der Zuschauer heraus schaut er nach oben und trifft auf den bohrenden Blick der Papstneffen, die auf die Szene unter ihnen sehen. Nun interessiert den Berichterstatter nicht mehr das Schauspiel vor ihm, sondern das Auge, welches dieses Schauspiel betrachtet. Leonardo da Vinci und Giordano Bruno wiederholen beide das alte Wort, daß das Auge das Fenster der Seele sei, und wie die Augen die Fenster der Seele sind, so sind die Fenster die Augen des Palastes. Hinter den Augen verbirgt sich die Seele, hinter den Fenstern des Palastes aber der Papst. Der Blick, der aus den Augen und zugleich aus dem Palast kommt, mißt die Distanz ab und legt den Wunsch offen: Für den unbekannten Schreiber wäre es schöner, oben am Fenster zu sitzen statt unten zwischen der Menge zu stehen; für die Papstneffen und den Papst selbst aber wäre es besser, ein Farnese statt ein Aldobrandini zu sein.

Der «Avviso» scheint ein Gemälde zu beschreiben. Die Worte rufen Bilder hervor, lassen Figuren entstehen; das Geschehen kristallisiert sich in der Darstellung, und diese ist eine Darstellung des Neides. Sie erinnert an das berühmte Gemälde von Hieronymus Bosch im Prado von Madrid, das die sieben Todsünden zum Inhalt hat. Das Sinnesorgan des Neides ist bei Bosch das Auge, das mit dem Spiel der Blicke das Netz der menschlichen Beziehungen knüpft: die Beziehungen zwischen Mann und Frau, zwischen Ritter und Bürger, zwischen einem jeden von diesen vieren sowie zwischen ihnen und dem Mann aus dem Volk, der, unter einem Sack gekrümmt, zu ihnen aufschaut, und schließlich auch die Beziehungen zwischen Mensch und Tier und zwischen den Tieren untereinander. Ein jeder schaut auf das und wünscht sich das, was der andere hat. Der Neid verbindet wie ein roter Faden auf den Bahnen der Blicke alle Figuren und reiht sie nach einer festen Ordnung auf. Den Höhepunkt er-

«Neid»; Ausschnitt aus «Der Tisch der sieben Todsünden» von Hieronymus Bosch (um 1480)

reicht dabei der adlige Jäger, der selbst noch auf den stolzen Falken auf seiner Hand neidisch ist, ohne zu bedenken, daß er als Mensch dem Tier weit überlegen ist.

Die Sequenz hebt mit einer Verführungsszene an: Der Mann begehrt die Frau am Fenster; er begehrt sie aus Neid, denn sie ist die Frau eines anderen Mannes, der sie während seiner Abwesenheit eifersüchtig hinter Fenstergittern versteckt. Die Frau hingegen verschmäht die Rose, die der Mann ihr galant darreicht, und streift mit dem Blick ein anderes Mittel der Verführung, das der Mann mit der gleichen Eifersucht in seinem Beutel verbirgt. Der Mann begehrt die Frau des anderen, während die Frau es auf sein Geld abgesehen hat. Bosch macht also zunächst eine Unterscheidung und sagt, daß das Hauptobjekt des Neides für den Mann die Frau des anderen ist; doch die Frau, fügt er sogleich hinzu, betrügt den Mann, dem sie verbunden ist, gleichfalls aus Neid, und zwar aus Neid auf das Geld. Die Macht, die sich der Mann wünscht, wird durch die Frau symbolisiert, die er einem anderen Mann entführt, während die Macht, die die Frau erstrebt, durch das Geld versinnbildlicht wird, das sie dem Mann abnimmt. Dem Raub der Frau entspricht die Entwendung des Geldes, dem Ehebruch der Diebstahl – natürlich nur auf der Ebene des Wunsches.

Schon in dieser ersten Sequenz stimmt die Darstellung des Neides auf dem Bosch'schen Gemälde völlig mit dem überein, was das Christentum über das Begehren lehrt, denn das neunte Gebot lautet: «Du sollst die Frau deines Nächsten nicht begehren», das zehnte: «Du sollst das Hab und Gut deines Nächsten nicht begehren.» Bosch geht aber noch einen Schritt weiter, indem er eine Lösung des vom Neid entfesselten Konflikts aufzeigt, die nicht auf Mord hinausläuft. Die Darstellung Boschs besagt nämlich, daß sich das als Ehebruch und Diebstahl äußernde, vom Neid bestimmte Urverhältnis dann, wenn der Wunsch zur Tat schreitet, mit Hilfe des Geldes zur Transaktion wandeln kann, indem er zum Prostitutionsvertrag wird. Der Mann raubt dem anderen Mann die Frau gegen das Geld, das die Frau ihm entwendet. Dieser doppelte Raub hebt Ehebruch und Diebstahl auf und läßt die Prostitution entstehen, die jedoch den Mord verhindert.

Diese friedliche Lösung des vom Neid heraufbeschworenen Konfliktes war für das christliche Gewissen indes völlig unakzeptabel. Der Theologe Roberto Bellarmino war nicht einmal imstande, die Möglichkeit einer solchen Lösung überhaupt wahrzunehmen, obwohl er den engen Zusammenhang zwischen dem neunten und dem zehnten Gebot irgendwie ahnte. Er behandelt die beiden Gebote in seinem Traktat über die christliche Lehre nämlich zusammen und spricht dabei ausdrücklich auch von Mord. Auf die Frage, warum Gott den Wunsch, die Ehe zu brechen und zu stehlen, nicht aber auch den Wunsch zu morden verbiete, antwortet er, daß man den Mord ja «nicht seiner selbst willen wünsche, sondern nur, um den Ehebruch oder den Diebstahl oder irgendein anderes böses Vorhaben zu verwirklichen». Er war sich demnach darüber klar, daß der Wunsch, die Frau oder das Geld zu besitzen, durchaus zum Mord treiben kann; daß er jedoch auch zur Prostitution führte, konnte und wollte der Theologe nicht wahrhaben. Die Verkettung von Prostitution und Neid blieb ihm verborgen. Der Theologe, dem Künstler weit unterlegen, begnügte sich mit dem Hinweis darauf, daß das Verbot des Wunsches, die Ehe zu brechen, den Wunsch nach Fornikation miteinschließe, und Fornikation sei, so präzisierte er an anderer Stelle, «der sündhafte Verkehr mit einer verdorbenen, als Witwe oder Hure keinerlei Bindungen unterliegenden Frau».

Bellarmino hat die Sünde der Fornikation ausführlich in seinem Kommentar zum sechsten, dem Ehebruch gewidmeten Gebot behandelt: Ehebruch und Fornikation, schreibt er bündig, seien ein und dasselbe. Obwohl die Fornikation offenbar keinen schädige oder beleidige, sei sie dennoch eine Todsünde und müsse, was die Schwere anbelangt, dem Ehebruch gleichgestellt werden. Das Auge, stellt er gleichzeitig fest, sei das Sinnesorgan, der Blick das erste Vehikel für diese Sünde. Wer der Sünde der Fornikation aus dem Weg gehen wolle, müsse «auf seine Gefühle und vor allem auf seine Augen» achthaben, «die gleichsam die Pforten sind, durch die der Tod in die Seele dringt». Denn «wer eine Frau begehrlich anblickt, hat den Ehebruch im Geiste schon begangen». Das Auge ist nicht mehr nur das Fenster der Seele zur Außenwelt, sondern zugleich die Tür, durch die der Feind ins Innere dringt.[1]

Farnese und Aldobrandini.

Wie der Aldobrandini-Papst Clemens VIII. den Stolz der Farnese zu brechen suchte

Am 30. Januar 1592 bestieg Ippolito Aldobrandini als Clemens VIII. den päpstlichen Thron. Zwei der Glückwunschschreiben, die aus allen Ländern Europas in Italien eintrafen, kamen aus Flandern, aber sie waren nicht nach Rom, sondern nach Florenz, der Heimat des neuen Papstes, adressiert. Als Absender zeichneten der Herzog von Parma, Alessandro Farnese, der damals Statthalter in den spanischen Niederlanden war, und sein Sohn und Erbe im Herzogtum, Ranuccio. Die beiden Briefe mit dem Datum 14. und 15. März waren an Piero Aldobrandini, einen fernen Verwandten des Papstes, gerichtet und drückten Freude über die glückliche Wahl und zugleich die feste Überzeugung aus, daß dieses Ereignis unweigerlich den Aufstieg der Familie Aldobrandini «zu höherer Würde» nach sich ziehen werde. «Besonders freuen wir uns», schrieb Ranuccio Farnese, «wenn wir der Liebe und Zuneigung gedenken, welche die Aldobrandini unserer Familie stets entgegengebracht haben.» Mit diesen Worten bewies der junge Farnese Großmut und Höflichkeit, ganz wie es dem fürstlichen Rang entsprach, in den seine Familie dank einer anderen, nun schon ein gutes halbes Jahrhundert zurückliegenden Papstwahl – der Pauls III. – aufgerückt war. Denn «Liebe und Zuneigung» waren nur eine euphemistische Umschreibung für ein anderes, in diesem Zusammenhang eher peinliches Wort, welches das Verhältnis zwischen den beiden Familien freilich genauer bezeichnet hätte. Dieses Wort lautete «Dienstbarkeit».

Piero war nämlich ein alter Diener der Farnese, und wie er hatten auch andere enge Verwandte des Papstes in farnesischen Diensten gestanden, vor allem sein früh verstorbener Bruder Tommaso, der im römischen Farnese-Palast gewohnt und dem Kreis der Literaten um Kardinal Alessandro angehört hatte. Auch Giovanfrancesco Aldobrandini, der künftige General der Römischen Kirche, der die Lieblingsnichte des Papstes, Olimpia, heiraten und von Clemens VIII. mit Reichtümern und Ehren überhäuft werden sollte, war bis vor kurzem noch Verwalter der farnesischen Güter im Herzogtum Castro gewesen. Die Herzogin von Urbino Vittoria Farnese, eine Großtante Ranuccios, hatte ihn 1587 für diesen Posten empfohlen und als einen florentinischen Edelmann gerühmt, «der sich auf allen Gebieten, vor allem aber in der Rechnungsführung und Buchhaltung ehrenvoll bewährt hat, worin er als der erste jener Nation gilt». Es mag stimmen, daß er der tüchtigste Buchhalter von ganz Florenz war, nur kamen peinlicherweise schon zwei Jahre später schwere Zweifel an seiner Ehrlichkeit auf. Er wurde eingekerkert, weil plötzlich in der herzoglichen Kasse zehntausend Skudi fehlten und er für dieses Loch verantwortlich gemacht wurde. Sein Onkel, der Kardinal Ippolito, half, den Skandal zu vertuschen, doch dürfte er bei Ranuccio kaum ein gutes Andenken hinterlassen haben. Aber es gab noch anderes, was die beiden Farnese lieber mit Schweigen übergingen, vom Papst aber schon zwei Tage nach seiner Wahl ganz offen ausgesprochen wurde, daß nämlich auch er selbst von den Farnese gefördert worden sei und ihnen «alle seine Größe» verdanke, weil Kardinal Alessandro, der Großonkel Ranuccios, ihm eine Pension aus den damals von Farnese verwalteten Einkünften des Bistums Spoleto verschafft und damit das Studium ermöglicht habe.[2]

Clemens VIII. war einstimmig und folglich auch von einem Neuling im Kardinalskollegium gewählt worden, dem damals erst neunzehnjährigen, dritten Sohn Herzog Alessandros, Odoardo Farnese. Ihm versicherte der Papst schon gleich nach der Wahl «sein größtes Wohlwollen» und versprach, ihm «benefici et cortesie», Wohltaten und Gefälligkeiten zukommen lassen zu wollen. «Wohltaten» im Sinne von Pfründen hatte der junge Kardinal in der Tat sehr nötig, denn seine Dotation war noch bescheiden und einem der Tradition seines Hauses verpflichteten Kirchenfürsten gänzlich unangemessen. Die versprochenen «Wohltaten» ließen jedoch auf sich warten, und statt zu geben begann der Papst zu nehmen – zunächst einmal den Koch. Clemens VIII. hatte nämlich noch keinen zuverlässigen Küchenchef gefunden, und jetzt schien ihm keiner so vertrauenswürdig wie der des Kardinals.[3] Aber es kam noch schlimmer. Zwei Wochen später ließen auf Befehl des Papstes gleich sechs farnesische Diener ihr Leben auf dem Schaffott, und zwar für ein Vergehen, dessen Geringfügigkeit in keinerlei Verhältnis zur Härte der Strafe stand.

Am Dienstag in der Karwoche waren ein paar Maurer, die mit Arbeiten am Eingangsportal des Palastes beschäftigt waren, untereinander in Streit geraten. Auf ihr Gelärme hin eilten die Stadtbüttel herbei und nahmen einige von ihnen fest, wurden dann aber von einem Bediensteten des Palasts zurückgedrängt. Kurz danach kehrten die Sbirren mit Verstärkung zurück und verhafteten die restlichen Maurer und sechs Diener des Kardinals, unter ihnen den Vizehofmeister Gabriele Foschetti, einen alten Edelmann, der seit gut vierzig Jahren in Diensten der Farnese stand. Der Kardinal, der sich zum

Mittagsmahl in seine Gärten auf dem Palatin begeben hatte, wurde sofort von dem Vorfall unterrichtet und eilte zum Papst, der ihn jedoch mit dem vagen Versprechen, er wolle Gerechtigkeit walten lassen, abfertigte. Auch die anderen Kardinäle, die auf den Papst einzuwirken suchten, hatten keinen Erfolg. Die Galgen wurden aufgerichtet und schon am folgenden Morgen, dem 25. März, fünf der verhafteten Diener aufgeknüpft, während Foschetti als Adliger enthauptet wurde. Die Begründung lautete, sie hätten dem Bargell gesagt, er solle den Kardinal mehr respektieren, denn dieser sei durchaus in der Lage, ihn seines Amtes entheben zu lassen. Der Prozeß war so summarisch geführt worden, daß sich sogar die Richter des Gerichtes weigerten, das Urteil zu unterschreiben. Niemand wußte für dieses rigorose Vorgehen einen Grund anzugeben, auch der Herzog von Sessa nicht, spanischer Botschafter in Rom und ein alter Freund von Herzog Alessandro, dem er ausdrücklich versicherte, daß er sich die ganze Angelegenheit nicht erklären könne. Er habe sich erkundigt, ob der Kardinal Anlaß zu Mißfallen gegeben habe, aber erfahren, daß Clemens VIII. ganz im Gegenteil «höchst zufrieden» mit ihm sei. Ja in einer Audienz habe der Heilige Vater ihm persönlich erklärt, daß er ihn wie einen Sohn liebe und achte und ihm das, was in seinem Hause vorgefallen, von Herzen leid tue. Doch habe er in dieser Justizangelegenheit unparteiisch sein müssen; er wäre ebenso streng gewesen, wenn sich ein Diener seiner Neffen schuldig gemacht hätte. Dann wiederholte er das, was er immer schon proklamiert hatte, daß er nämlich die Dankbarkeit für die höchste aller Tugenden halte und sich ihrer wenig würdig erwiese, «wenn er nicht – so wörtlich der Herzog von Sessa – der alten Verpflichtungen dem Hause seiner Exzellenz gegenüber eingedenk wäre». Der Papst habe ihm erzählt, schrieb der spanische Botschafter an Herzog Alessandro, daß er vom Haus Farnese gefördert und unterstützt worden sei, und beteuert, daß die Welt die Beweise seiner Dankbarkeit und die Gnaden, die er «dem Herrn Kardinal und Eurer Exzellenz» zu erweisen gedenke, noch zu sehen bekommen werde.

Für den jungen Kardinal war es ein harter Schlag, der das Prestige seiner Familie ernstlich in Mitleidenschaft zog. Seine Berater drängten ihn, er solle mit einem klaren Demonstrativakt auf die Herausforderung des Papstes antworten, Rom sofort verlassen und nach Parma gehen, während der Herzog von Sessa dagegen der Ansicht war, daß es besser sei, die Entscheidung dem Vater zu überlassen und seine Anweisungen aus Flandern abzuwarten. Doch als schon wenige Tage später ein zweiter Zwischenfall mit dem Bargell, der einen Flüchtigen auf der Schwelle des Farnesepalastes verhaftete, gerade noch vermieden werden konnte, riet schließlich auch der spanische Botschafter dem Kardinal zum Aufbruch. Er solle vom Papst die Erlaubnis erbitten, sich nach Caprarola zurückziehen zu dürfen, um dort die Anweisungen seines Vaters abzuwarten. Clemens VIII. empfing Odoardo Farnese mit «ternura y dulces palabras» – mit Güte und sanften Worten –, wie der Herzog von Sessa schrieb, und fügte freundlich noch hinzu, «que le tenia enbidia» – daß er ihn beneide. Das Wort «enbidia» – Neid –, das der Herzog von Sessa hier benutzt, drückt der ganzen Episode den Stempel auf.[4]

Der Neid, den der Papst dem Kardinal gegenüber zu empfinden vorgab, sollte natürlich nur jenes harmlose Gefühl sein, das in den Wörterbüchern der Zeit als «der Wunsch, die Tugenden eines anderen nachzuahmen, es ihm in Tugenden gleichtun oder ihn gar darin zu übertreffen» definiert wird. In diesem Sinne brauchen das Wort auch viele geistliche und weltliche Schriftsteller, allerdings stets in Verbindung mit einem Adjektiv von positiver Bedeutung wie heilig, gut, löblich oder großmütig, das die eigentliche negative Valenz des Wortes mildern sollte. Der Herzog von Sessa gebraucht das Wort aber ohne jeden Zusatz, und man darf sich wohl auch fragen, welche Tugenden der Papst einem neunzehnjährigen Kardinal hätte neiden können, der in dieser Hinsicht recht wenig aufzuweisen hatte. Das einzige, worum der adellose Papst aus unbekannter Familie einen Farnese beneiden konnte, war dessen «Haus», das Geschlecht, dem er entstammte, den jahrhundertealten Adel seiner Familie, die sich schon seit Jahrzehnten auch fürstlichen Ranges rühmen konnte. Roberto Bellarmino, der heilige Jesuit und päpstliche Haustheologe, hat den Neid als eine Sünde definiert, die darin bestehe, «daß einem das Wohlergehen des anderen mißfällt, weil es die eigene Größe zu mindern scheint»; der Wunsch, den Beneideten herabzusetzen, schrieb er, «kann so stark sein, daß er den Neidischen manchmal sogar zum Mord treibt».

Die Antwort des Vaters erreichte den Kardinal erst spät. Der Herzog befand sich damals in Frankreich, wo er ein spanisches Expeditionskorps gegen die Hugenotten kommandierte, und war am 25. April verwundet worden. Mitte Mai erst wies er seinen Sohn an, sich nach Parma zurückzuziehen. Der Papst nahm dies mit Argwohn auf, hinderte den Kardinal aber nicht am Aufbruch. Erst im November kehrte Odoardo Farnese nach Rom zurück, wo er kurz darauf die Nachricht vom Tode seines Vaters erhielt, der in Frankreich seinen Verletzungen erlegen war. In seinem offiziellen Glückwunschschreiben zur Wahl hatte Alessandro Farnese Clemens VIII. ausdrücklich auf seine Verdienste als Verteidiger des katholischen Glaubens gegen die Protestanten hingewiesen.[5] Der Hinweis auf das vergossene Blut gewann nun eine ganz andere Bedeutung. Der Papst beruhigte sich also, aber nicht lange.

Schon im Sommer 1593 kam es zu einem neuerlichen Zwischenfall, und wiederum ging es um Fragen der Justiz. Am 20. August wurden mit der Anschuldigung, gewissen Briganten Schutz zu gewähren, der Gerichtsauditor des Herzogtums Castro Alessandro Boccabarile und Herzog Corradino Orsini von Bomarzo verhaftet. Das mit dem Auditor mochte noch hingehen, aber Orsini war ein Jugendfreund von Odoardo Farnese, dem der Kardinal sehr zugetan war. Dieser stürzte deshalb gleich am Tag nach der Verhaftung zum Papst und bat um die Freilassung des Freundes. Clemens VIII. ließ sich zunächst bitten, gab dann aber nach, auch weil sich gegen Orsini kein schlüssiges Beweismaterial finden ließ.[6]

Die Nachfolge Ranuccios rollte die alte Frage der Belehnung wieder auf und bot dem Papst Gelegenheit zu neuen spektakulären Auftritten. Beide Staaten der Farnese, das Herzogtum Parma wie das Herzogtum Castro und Ronciglione im nördlichen Latium, waren Lehen der Kirche. Aber 1556 hatte Herzog Ottavio ein geheimes Abkommen mit Philipp II. von Spanien getroffen und die Lehnshoheit den Habsburgern zuerkannt. Ranuccio suchte jetzt nach dem Tod seines Vaters in Madrid um eine Bestätigung dieses Abkommens nach, aber die Sache wurde publik, so daß auch der Papst davon erfuhr, der wie üblich äußerst heftig reagierte. Vor dem Kardinal Odoardo und den farnesischen Agenten, die herbeigeeilt waren, um ihn zu besänftigen, ließ er sich mehrmals zu Zornesausbrüchen hinreißen und drohte 1594 sogar, dem Herzog seine Staaten abzuerkennen – «vor allem das Herzogtum Castro». Ranuccio mußte eine vom Papst diktierte Treueerklärung abgeben. Das Verhältnis blieb jedoch gespannt, und ein neues Gewitter brach los, als Clemens VIII. im September 1596 die farnesischen Beamten im Herzogtum Castro beschuldigte, die Durchführung der päpstlichen Dekrete von ihrer Genehmigung abhängig zu machen. Der Agent Andrea Sorbolongo berichtete Kardinal Odoardo, daß der Papst gedroht habe, «ihnen die Köpfe abschlagen zu lassen und dem Herzog seinen Staat zu nehmen ... und das alles unter dem größten Gezeter».[7] Dabei hatte noch im Jahre zuvor der venezianische Botschafter in Rom Paolo Paruta in einem Bericht an den Senat mehrmals erwähnt, daß der Papst sich den Farnese gegenüber sehr wohlwollend verhalte, da sein Vater und er selbst, als das Glück ihnen weniger hold gewesen sei, große Wohltaten von ihnen erfahren hätten. Die Dankbarkeit, die er den Farnese schulde, war während des ganzen Pontifikats eine Art Ritornell im Munde des Papstes.[8]

Doch hatte Kardinal Odoardo inzwischen gelernt, sich keinen Illusionen hinzugeben, und umriß im Jahre 1595 in einem Brief an seinen Bruder Ranuccio die Situation auf folgende Weise: «Der Papst», schrieb er, «liebt uns nicht, das wissen alle, und es hat keinen Sinn, sich in dieser Hinsicht etwas vorzumachen. Noch mehr aber hassen uns wahrscheinlich seine Neffen Pietro und Giovanfrancesco, die ihn gegen uns aufhetzen». Die Gründe für diesen Haß waren seiner Meinung nach drei: der unliebsame Zwischenfall mit Giovanfrancesco, als dieser Verwalter im Herzogtum Castro war, der Zusammenstoß mit dem Bargell, der Foschetti das Leben gekostet hatte («die Beleidigung, die uns und unserem Haus angetan wurde», sei, so schrieb der Kardinal, nicht mehr aus der Welt zu schaffen), schließlich der Geiz Ranuccios, der den Aldobrandini noch nie etwas geschenkt habe. Gegen die beiden ersten Gründe sei nichts mehr auszurichten, der dritte aber könne beseitigt werden: Ranuccio solle den Aldobrandini eiligst wertvolle Geschenke zukommen lassen.[9]

Doch ist der Neid, wie der Theologe Bellarmino sehr wohl wußte, kein Einzelgänger, sondern tritt gerne in

Gesellschaft von anderen Lastern auf, die nicht weniger heftig und schädlich sind: zusammen mit dem Zorn, das heißt dem Rachdurst, dem Wunsch, «an dem Vergeltung zu üben, der keine Strafe verdient und uns nicht beleidigt hat, ... und dies aus Haß und nicht aus Eifer für die Gerechtigkeit, und wenn dabei ganz allgemein alles Maß überschritten wird»; zusammen mit dem Hochmut, einer Sünde, die darin besteht, «daß der Mensch mehr zu sein meint, als er in Wirklichkeit ist, und deshalb über allen anderen Menschen stehen und weder Vorgesetzte noch Gleiche anerkennen will»; zusammen mit dem Geiz, «der aus dreierlei besteht: erstens, des anderen Hab und Gut zu begehren; zweitens, mehr haben zu wollen als das, was lebensnotwendig ist; drittens, die Dinge, die man besitzt, zu sehr zu lieben, obwohl sie einem doch gehören, und dies selbst dann, wenn es nicht viele sind».[10] Von all diesen Leidenschaften und Lastern waren Neidische wie Beneidete, die ihrerseits wieder auf die Neidischen neidisch waren, in gleichem Maße besessen. Die Aldobrandini beneideten die Farnese, aber auch die Farnese waren auf die Aldobrandini neidisch. Der Gedanke, daß diese Parvenus ohne Adel und Vergangenheit den Papst stellten und damit über grenzenlosen Reichtum und Macht verfügten, war ihnen unerträglich. Und ebenso wie die Aldobrandini sich sträubten, den Farnese etwas zu geben, sondern ganz im Gegenteil versuchten, ihnen das, was sie besaßen, abzunehmen, wollten auch die Farnese den Aldobrandini nichts schenken.

Als Ranuccio sich schließlich zu einem Geschenk gezwungen sah, war er derart knauserig, daß er das Gegenteil bewirkte und den Beschenkten beleidigte, statt ihn zufriedenzustellen. Im Sommer 1593 hatte er Giovanfrancesco zwei Stuten geschenkt, aber diese waren offenbar so abgehalftert, daß Giovanfrancesco sie zurückschickte.[11] Auch weiteren Aufforderungen seines

Bruders im Jahr 1595 schenkte Ranuccio kein Gehör, erst 1597 gab er nach. Er hatte nämlich erfahren, daß sich Giovanfrancesco Aldobrandini an den Kaiserhof zu begeben gedachte, und lud ihn deshalb ein, während der Reise in Parma Halt zu machen. Aldobrandini willigte ein und war im Februar Gast des Herzogs in Parma. Beim Abschied schenkte ihm Ranuccio einen mit Edelsteinen verzierten Pelzrock aus Zimbellin, – den Giovanfrancesco wiederum ablehnte. Obwohl er von der Gastfreundschaft und dem kostbaren Geschenk geschmeichelt war, zog er es doch vor, die Gabe nicht anzunehmen, weil Ranuccio ihm mit ziemlicher Unverschämtheit die Rechnung dafür gleich mitpräsentiert hatte, indem er ihn bat, vom Papst die Erhebung seines Agenten in Rom Papirio Picedi zum Kardinal zu erwirken. Doch der rote Kardinalshut war ungleich wertvoller als ein Pelzrock, mochte er auch noch so sehr mit Edelsteinen besetzt sein. Aldobrandini winkte ab und wies auf unüberwindliche kanonische Hindernisse hin, die der Ernennung im Wege stünden. Damit überzeugte er Ranuccio allerdings nicht, der den Aldobrandini auch nach der Abreise noch mit fordernden und leicht pikierten Briefen bombardierte.[12] Ranuccio zog indessen keine Lehren aus diesen Erfahrungen und versuchte es noch einmal mit Geschenken von geringem Wert. Als er im Dezember 1597 hörte, daß Kardinal Pietro Aldobrandini auf einer Reise durch Bologna kommen würde, schickte er ihm achtzehn Laib Käse und ein Dutzend Würste und schrieb dazu, daß es sich, was Geschmack und Schönheit anbelange, um das Köstlichste handle, was in dieser Gegend aufzutreiben sei.[13]

Wenige Monate vorher, im April, hatte Kardinal Odoardo den Papst nach Caprarola eingeladen und ihn dort mit solchem Pomp empfangen, daß die Aldobrandini den Ärger kaum unterdrücken konnten. «Wollte man alles beschreiben», vermerkte der Informant, der dem päpstlichen Zug gefolgt war, «reichten ein ganzer Packen Papier und die Beredsamkeit eines Demosthenes nicht aus.»[14] Ganz wie sein Bruder präsentierte natürlich auch der Kardinal die Gegenrechnung, aber die Erfahrungen Ranuccios hatten ihn gelehrt, die Regeln des Anstands zu wahren, und so bat er den Papst erst im Oktober um eine Pension für seinen Haushofmeister Alessandro Guidiccioni. Clemens VIII., auf den der ganze Prunk den Eindruck nicht verfehlt hatte, überdachte die Angelegenheit zunächst, dann aber beschloß er, dem Kardinal den Majordomus, den er in Caprarola mit so großem Erfolg am Werk gesehen hatte, abspenstig zu machen, statt ihm die Pension zu geben.[15] Die nächste Gelegenheit, den Aldobrandini die Größe der Farnese öffentlich vor Augen zu führen und ihnen Geschenke zu machen, bot sich Ende Juni 1598, als sich Ranuccio nach Ferrara begab, um dem Papst den Treueid zu leisten.[16] Diesmal mußte jedoch der Herzog seinen Ärger herunterschlucken, denn Clemens VIII. trat als Herr von Ferrara auf, das er gerade erst dem friedfertigen Cesare d'Este abgesprochen hatte, der wie Ranuccio ein Vasall der Kirche war, aber einer illegitimen Seitenlinie des Hauses Este entstammte. In den wildreichen vatikanischen Jagdgründen ließ sich indes schon eine neue Beute erspähen, so daß die Farnese hoffen konnten, ihr Geld doch nicht umsonst ausgegeben zu haben.

Die Heirat.

Über die Heirat des Herzogs von Parma Ranuccio Farnese mit der Papstnichte Margherita Aldobrandini

Es handelte sich um die Heirat Ranuccios mit Margherita Aldobrandini, der ältesten Tochter von Giovanfrancesco und Olimpia, die vor knapp einem Jahrzehnt im Schloß der Farnese zu Capodimonte, wo ihre Eltern damals weilten, zur Welt gekommen war. Als der Plan publik wurde, ging das Gerede los, der Herzog wollte die Tochter seines ehemaligen Verwalters heiraten. Wie der Kardinal Bentivoglio meinte, schnitt Ranuccio dabei im Vergleich mit dem Großvater und dem Vater sehr schlecht ab, denn der erste hatte eine Tochter Kaiser Karls V., der zweite die Tochter von Eduard d'Aviz, dem Erben des Königreichs Portugal geheiratet.[17] Tatsächlich hatten sich die Farnese längere Zeit um die Hand der Maria de' Medici bemüht, für die jedoch ihr Onkel, der Großherzog Ferdinand von Toskana, weit ehrgeizigere Pläne hegte (Maria heiratete schließlich König Heinrich IV. von Frankreich). Danach hatten sie Augen auf eine Tochter Herzog Wilhelms V. von Bayern geworfen und waren auch schnell mit den Wittelsbachern einig geworden. Die Schwierigkeiten kamen diesmal jedoch vom Hof in Madrid, der die magere bayerische Mitgift durch Zuwendungen ausgleichen sollte. Nach langem Drängen ließ Philipp II. seinen Großneffen in Parma im Oktober 1597 wissen, daß er mit der Wahl einverstanden sei, aber von Geld war dabei keine Rede, so daß das bayerische Projekt schnell wieder fallen gelassen wurde.[18]

Doch eine Gemahlin mußte her, und viel Zeit war auch nicht mehr zu verlieren, denn Ranuccio war schon an die dreißig, und um seine Gesundheit war es nicht allzu gut bestellt. Im August 1598 war er schwer erkrankt und dem Tode nahe gewesen. Ein Erbe von unanfechtbarer Legitimität war also dringend erforderlich. Dennoch konnte auf eine gute Mitgift nicht verzichtet werden. Die Farnese steckten nämlich in großen finanziellen Schwierigkeiten, weil die Statthalterschaft Herzog Alessandros in der Niederlanden Unsummen verschlungen hatte; an Spanien lag es jetzt einzugreifen. Um den Geiz ihres Großonkels zu überwinden, richteten die beiden Brüder in der Folgezeit ihr Augenmerk auf die österreichischen Habsburger, die zwar auch nicht reicher als die Wittelsbacher, dafür aber eng mit dem spanischen Herrscherhaus verwandt waren. Bevor sie sich jedoch auf kompromittierende Verhandlungen mit dem erzherzoglichen Hof in Graz einließen, wo eine große Anzahl heiratsfähiger junger Damen zur Auswahl stand, versuchten die beiden Farnese, sich den finanziellen Beitrag des Großonkels zu sichern. Doch die Verhandlungen mit dem greisen, kranken König schleppten sich lange hin, ohne zu einem Abschluß zu kommen.[19]

Was für die Farnese eine Mesalliance darstellte, bedeutete für die Aldobrandini ganz im Gegenteil einen beachtlichen gesellschaftlichen Aufstieg, denn die Tochter Giovanfrancescos sollte ein gekröntes Haupt aus eben jener Familie heiraten, in deren Diensten ihr Vater noch bis vor kurzem gestanden war. Die Anziehungskraft, die der ehemalige Herr ausübte, war so stark, daß sie geradezu zum Geschick wurde. Um sich eine ihrem neuen Rang entsprechende Residenz zu schaffen, hatten Giovanfrancesco und Olimpia mit Geld aus der päpstlichen

Kasse den Palast des Kardinals Gesualdo erworben, dessen Prunksaal mit Fresken geschmückt war, die die Ruhmestaten der Farnese bei der Verteidigung des katholischen Glaubens verherrlichten! Der Palast hatte vor dem Kardinal Gesualdo nämlich Tiberio Crispo gehört, dessen Mutter Silvia Ruffini viele Jahre lang die Konkubine Papst Pauls III. gewesen war, dem Crispi auch seine Erhebung zum Kardinal verdankte. Natürlich war auch dieser Palast nicht mit dem Farnese-Palast zu vergleichen, der ja nicht zum Verkauf stand, aber er hatte immerhin in der Vergangenheit mit den Farnese zu tun gehabt, und dieser Umstand scheint beim Erwerb eine nicht unwichtige Rolle gespielt zu haben.[20]

Bevor sie sich Ranuccio zuwandten, hatten auch die Aldobrandini höherfliegende Pläne verfolgt. Sie hatten sogar an den König von Frankreich gedacht, dem Clemens VIII., wie der venezianische Botschafter Nicolò Contarini berichtet, jede Menge Privilegien für die gallikanische Kirche und Gefälligkeiten aller Art offerierte. Bei Heinrich IV. stieß das Projekt freilich auf taube Ohren, so daß die nächste Wahl auf den ältesten Sohn des Großherzogs von Toskana fiel; aber wiederum war den Bemühungen kein Erfolg beschieden.[21] Auch der Herzog von Savoyen hatte keine Lust, sich mit Emporkömmlingen wie den Aldobrandini zu verschwägern, aber das durfte er nicht laut sagen, und so suchte er Zeit zu gewinnen. Erst als feststand, daß sich die Aldobrandini mit den Farnese geeinigt hatten, erklärte er sich geschmeichelt zu Verhandlungen bereit.[22] Wollten die Aldobrandini einen Fürsten haben, mußten sie notgedrungen mit einem Vasallen der Kirche vorlieb nehmen und dazu mit dem jüngsten kirchlichen Lehnsfürsten, der über den kleinsten Staat Italiens herrschte. Farnese und Aldobrandini standen sich erneut gegenüber.

Den ersten Schritt unternahmen die Aldobrandini im

März 1598.[23] Aber es war ein falscher Schritt, der es den Farnese, die immer noch wegen der habsburgischen Heirat mit dem spanischen Hof verhandelten, erlaubte, den Preis in die Höhe zu treiben. Da auf beiden Seiten der Geiz die Taktik bestimmte, zogen sich die Verhandlungen über die Höhe der Mitgift lange hin. Als man sich endlich im September 1599 einigte, konnte der Vater der Braut nicht mehr an sich halten und beklagte sich in einem Brief beim künftigen Schwiegersohn bitter über die Habsucht, mit der verhandelt worden war: «Denn wenn auch der Verdienst Eurer Hoheit größer ist als der unsere, so haben wir doch mehr getan, als in unseren Kräften steht.»[24]

Trotz aller Anstrengungen der Aldobrandini blieb der Herzog jedoch unzufrieden, und keine Summe war ihm hoch genug, denn er verkaufte ein Gut, das auch den Aldobrandini von unschätzbarem Wert dünkte. Wieviel Geld waren die Stellung eines Farnese und eine Herzogskrone wert? Wie schon Bosch intuitiv erfaßt hatte, führte der gegenseitige Neid unweigerlich zu einer Transaktion, die den Charakter eines Prostitutionsvertrags trug, nur daß die Rollen in diesem Heiratsgeschäft umgekehrt waren: Der Bräutigam verkaufte sich und die Verwandten der Braut, mit dem Papst an der Spitze, traten als Kunden auf. Die Aldobrandini kauften die «Ehre» eines Farnese, und die Herzogskrone war teuer.

Es läßt sich schwer bestimmen, wie hoch die Mitgift tatsächlich war. Sie war jedenfalls, wie der Kardinal Del Monte dem Großherzog von Toskana schrieb, «im Geheimen sehr viel höher, als es öffentlich den Anschein hat».[25] Nach Auskunft des toskanischen Botschafters in Rom Giovanni Niccolini belief sie sich auf die enorme Summe von 350000 Skudi; «200000 davon wird der Papst geben, 100000 der Kardinal Aldobrandini und die restlichen 50000 der Herr Giovan Francesco, doch weiß jedermann, daß letztlich alles vom päpstlichen Stuhl kommt».[26] Nicolò Contarini oder vielmehr die venezianischen Diplomaten, die ihm die Informationen lieferten, schätzten die Mitgift sogar noch höher ein und meinten, daß sie außerdem noch viele Zugeständnisse miteinbeschloß wie etwa die Ernennung dreier von den Farnese designierter Kardinäle. Doch der Papst öffnete den Beutel gern, wenn es um seine Familie ging.

Die Forderungen der Farnese überschritten jedoch jedes Maß, und so gerne Clemens VIII. seine Nichte mit einem gekrönten Haupt verehelichen wollte, so beschlichen ihn doch Gewissensbisse, denn es handelte sich schließlich um Gelder der Kirche. So hatte er sich 200 000 Skudi zur obersten Grenze gesetzt, und die Farnese mußten sich sehr anstrengen, um ihm mehr zu entreißen. Kardinal Odoardo entwickelte große Geschäftigkeit und schaltete auch den Jesuiten Roberto Bellarmino ein, den Theologen, auf den der Papst am meisten hörte. Die Beziehungen zwischen der Familie Farnese und den Jesuiten waren von eh und je eng; sie basierten auf den großzügigen Zuwendungen, welche die Farnese dem Orden zukommen ließen. Kardinal Alessandro hatte die Ordenskirche in Rom, die Chiesa del Gesù, errichten lassen; Kardinal Odoardo entschloß sich, den Bau des angrenzenden Mutterhauses zum Abschluß zu bringen. Am 25. April 1599 unterrichtete er Ranuccio von dieser seiner Absicht und berichtete ihm kurz darauf am 5. Mai «vom guten Dienst beim Kardinal Bellarmino, um dem Papst die Skrupel zu nehmen».[27] Es ist unbekannt, ob Bellarmino sich tatsächlich bei Clemens VIII. für die Farnese verwendete. Jedenfalls überwand der Papst nach ein paar Monaten seine Skrupel und schloß zur vollen Zufriedenheit der beiden habgierigen Brüder den Heiratsvertrag ab. Dieser Akt zügellosen Nepotismus – sozusagen eine dem Papsttum angeborene Krankheit – löste indessen in Kreisen der Kurie ein unterschwelliges Murren aus. «Diese Kreaturen», schrieb Kardinal Del Monte sarkastisch, «sind unwillig, denn für sie fällt nichts ab, alles fließt den Neffen zu.» Andere, wie zum Beispiel der Kardinal Mantica, wagten sogar, Clemens VIII. «die Verwendung von Kirchengeld» für die Ausstattung der Großnichte offen vorzuhalten, aber der Erfolg davon war nur der Verlust von jeglichem Einfluß auf den Papst.[28]

Nach Abschluß des Geschäfts zog Clemens VIII. wieder einmal die alte Geschichte von seiner Dankbarkeit den Farnese gegenüber hervor; nur diese habe ihn veranlaßt, seine Zustimmung zur Heirat zu geben. Immerhin gebot ihm das Schamgefühl, keine allzu große Freude über die Glückwünsche zu äußern, die ihm von allen Seiten zur Verbindung seiner Großnichte mit dem Herzog von Parma entgegengebracht wurden.[29] Die Farnese trauerten dagegen dem blauen Blut nach, und als Ranuccio seine Heirat offiziell bekannt gab, sprach er nur, wie Kardinal Del Monte bissig anmerkte, «von seiner Eheschließung mit der Nichte seiner Heiligkeit, kein Wort dagegen von Giovan Francesco oder Aldobrandino» (d. h. Kardinal Pietro).

Der Schwiegervater erinnerte Ranuccio immer an den Verwalter des Herzogtums Castro, der beim Stehlen erwischt worden war; er mußte die größten Anstrengungen unternehmen, um die unüberwindliche Verachtung, die er für ihn fühlte, nicht zu zeigen. Als er sich im Dezember nach Rom begab, um die Verlobung zu feiern, kam es ihm im letzten Augenblick in den Sinn, daß die Etikette gebot, dabei auch dem Schwiegervater ein Geschenk zu machen. Nur fiel ihm nichts besseres als der alte Pelzrock ein, den Giovanfrancesco schon einmal zurückgewiesen hatte. Ranuccio hatte damals angeordnet, ihn für die nächste Gelegenheit wegzulegen; jetzt schrieb er nach

Parma mit der Bitte, den Rock hervorzusuchen und so schnell wie möglich nach Rom zu schicken. Der Rechnungsführer Danella, den der Herzog mit der Sendung beauftragt hatte, schrieb jedoch zurück, daß es ihm nicht angebracht erscheine, das Kleidungsstück zu schicken, denn der Rock sei ohne Futter, der Pelz verschlissen und der Edelsteinbesatz aus der Fassung gefallen. «Er war so nackt», schrieb er, «daß er überhaupt keinen Staat macht; ich habe ihn nicht geschickt, weil ich damit Eure Hoheit nicht zufriedengestellt hätte.»[30] Diese Annahme war jedoch falsch; der Beamte konnte sich nicht vorstellen, daß gerade der miserable Zustand des Geschenks die Freude des Herzogs ausgemacht hätte. Der Hochmut hatte die alte, noch tiefer eingewurzelte Leidenschaft des Geizes wiederentfacht.

Die Hochzeit wurde am 7. Mai 1600 von Clemens VIII. persönlich zelebriert, aber auf seinen ausdrücklichen Wunsch ohne allzu großen Prunk.[31] Die gerade erst zwölfjährige Braut weinte immerzu und wäre lieber ins Kloster gegangen.[32] Und für die Farnese war es am Ende doch nicht das große Geschäft, das sie sich erträumt hatten. Zwar brachte Margherita dem Herzog viel Geld ins Haus, aber auf die für die Kontinuität der Dynastie und die Legitimität der Sukzession unerläßlichen Nachkommen ließ sie ihren Gemahl unerträglich lange warten. Mit seinem Scharfblick hatte Bellarmino als Folgen des Neides drei weitere Sünden aufgezählt, nämlich «Diebstahl, Raub und Betrug bei Kauf und Verkauf»,[33] und alle drei Sünden waren beim Heiratsgeschäft tatsächlich begangen worden, auch die dritte. Der folgenschwere Betrug, von dem der Herzog lange nichts ahnte, war freilich dem Kardinal Del Monte und dem toskanischen Botschafter nicht verborgen geblieben: Die kleine Aldobrandini war schon als Kind drei Operationen an den Fortpflanzungsorganen unterzogen worden und deshalb schwerlich in der Lage, Kinder zur Welt zu bringen.[34] In den ersten zehn Jahren der Ehe waren denn auch Fehl- und Frühgeburten die Regel. Erst 1610 kam ein lebendes Kind zur Welt, doch schon bald stellte sich heraus, daß es taubstumm und epileptisch war. Weitere zwei Jahre vergingen, bis endlich 1612 der zweite, zur Nachfolge taugliche Sohn das Licht der Welt erblickte. Es war ein langes Warten für den Herzog gewesen, der mehr als einmal die Aldobrandini und ihren Betrug verwünschte.[35]

Die Dinge standen also nicht gerade zum besten für Ranuccio. Aber auch Odoardo, der bei den Verhandlungen seine persönlichen Forderungen und Ambitionen geltend gemacht hatte, hatte wenig Grund zur Zufriedenheit. Am 5. Dezember wurde ihm das Amt des Legaten im Patrimonium übertragen, eine traditionelle Apanage der Kardinäle aus dem Hause Farnese, da mit diesem Amt auch die weltliche Gewalt im nördlichen Latium, wo sich die zum Herzogtum Castro und Ronciglione gehörenden Ortschaften und Ländereien befanden, verbunden war.[36] Die Pfründen ließen dagegen auf sich warten; die einzige, die Odoardo erhielt, belief sich auf bescheidene 1500 Skudi.[37] Dafür empfahl ihn jedoch Clemens VIII. dem König von Spanien für eine Pension, die seine magere Dotation etwas aufbessern sollte.[38] Was die Ernennung der drei Kardinäle anbelangte, die seinen Einfluß im Kardinalskollegium stärken sollte, stellte der Papst sich taub; erst im Juni 1604 ließ er sich dazu herbei, wenigstens einen der farnesischen Kandidaten zu ernennen, nämlich Carlo Conti, einen Verwandten der Farnese, den Herzog Alessandro bereits 1592 zum ersten Mal vorgeschlagen hatte.[39] Die beiden anderen, der Agent der Farnese in Rom Papirio Picedi und Galeazzo Sanvitale, ein Adliger aus Parma, mußten sich mit einem Bischofsstuhl zufriedengeben.[40]

Was aber den fettesten Bissen betraf, der allerdings, mit nüchternen Augen betrachtet, von vornherein unerreichbar erscheinen mußte, so verwandelte sich die anfängliche Verheißung sehr bald in Spott und Hohn. Am 19. Februar 1600, also schon vor der Hochzeit Ranuccios, hatte Clemens VIII. Odoardo Farnese zum Generalprotektor von England ernannt[41] und damit scheinbar den höchsten Ambitionen der Farnese seine Billigung erteilt. Als Söhne der Maria von Portugal, die mit dem Hause Lancaster verwandt war, erhoben nämlich die Farnese, wie so viele andere, Anspruch auf den englischen Königsthron. Schon der Name, den der Kardinal in der Taufe empfangen hatte, war ein Programm, denn es war der Name König Eduards von England, von dem die Mutter abstammte. Der bald zu erwartende Tod der kinder- und erbenlosen Königin Elisabeth I. hatte den Plänen für eine katholische Restauration in England neuen Auftrieb gegeben, und in diesem Rahmen war auch die Verheiratung einer weiteren katholischen Thronprätendentin, der Schottin Arabella Stuart, vorgesehen. Da Ranuccio sich inzwischen gebunden hatte, kam nur Odoardo, der stets bereit war, dem roten Hut für eine vergnüglichere Zukunft zu entsagen, als Freier in Frage. Der Papst sollte sich bemühen, die Zustimmung Spaniens und Frankreichs, der beiden an diesem Projekt am meisten interessierten Mächte, zu erlangen. Spanien sagte zunächst nicht nein, wenn auch die Tatsache, daß es eine spanische Anwärterin auf den englischen Thron gab – die Infantin Isabella Clara Eugenia –, Anlaß zu Skepsis hätte geben müssen. Frankreich erklärte sich gleich offen gegen das Projekt, ja Heinrich IV. spottete, daß alles nur darauf hinauslaufen werden, König Jakob von Schottland, den sichersten Prätendenten, zu vergrämen und die Lage der englischen Katholiken weiter zu verschlechtern. Das französische Veto stieß beim Papst und seinem

Neffen, Kardinal Pietro Aldobrandini, keineswegs auf taube Ohren, denn sie hatten bislang die absurden Ansprüche der Farnese ohnehin nur lau unterstützt, und der Einspruch Heinrichs IV. bot ihnen die willkommene Gelegenheit, die ganze Initiative abzublasen. Doch Kardinal Odoardo ließ nicht gerne von seinen Illusionen und gab sich noch ein paar Jahre der eitlen Hoffnung hin, König von England zu werden. Er hatte vom Papst die Ernennung zum Protektor der englischen Jesuitenkollegs in Rom, Valladolid und Douai erwirkt und mit Hilfe des mit seiner Familie eng verbundenen Ordens stellte er eine Reihe von geheimen Kontakten mit den englischen Katholiken her. Sein Hauptschrittmacher in England war der Jesuit Robert Persons, dessen Umtrieben aber die päpstliche Diplomatie energisch ein Ende setzte, als im März 1603 Jakob Stuart den englischen Thron bestieg. Kardinal Pietro Aldobrandini gab höchst persönlich den Befehl, die Kandidatur der Farnese zu dementieren. Am 13. Juli wies er den Nuntius in Flandern Ottavio Mirto Frangipani an, in England verlautbaren zu lassen, daß der Papst die farnesische Kandidatur für «völlig haltlos und unbegründet» halte. Dieses Dementi beendete die Phase des Einvernehmens zwischen den beiden Familien.[42]

Der Aufstand.

Wie Kardinal Odoardo Farnese gegen Papst Clemens VIII. rebellierte

Das Verhältnis zwischen den Farnese und den Aldobrandini spitzte sich wieder zu, und schon bald begannen die Sbirren erneut, die Leute des Kardinals Odoardo zu belästigen. Schon am 5. Juli 1603 waren sie in den Palast eingedrungen, um den Mundschenk des Kardinals Baldassarre Paluzzo zu verhaften. Wessen er beschuldigt wurde, ist unbekannt, doch gelang es dem Gesuchten, im Labyrinth der Gemächer unterzutauchen.[43] Die stetig steigende Spannung entlud sich schließlich im Jahre darauf in einem regelrechten Aufstand, an dem sich das Maß des von den Farnese aufgestauten Ressentiments gut ablesen läßt. Den Anlaß bot wiederum ein Zwischenfall mit der päpstlichen Justiz.

Am 23. August 1604 verfolgten die Sbirren bis in den Farnesepalast hinein einen Matrosen, der hoffte, hier vor ihnen Unterschlupf zu finden. Auf sein Geschrei hin eilte ein Höfling des Kardinals, der englische Edelmann Arthur Pole, herbei, der die Sbirren zurechtwies und zum Respekt gegenüber dem Haus Farnese aufforderte. Doch die hämische Antwort lautete, er solle aufpassen, daß es ihm nicht ähnlich ergehe wie dem Foschetti vor zwölf Jahren. Dieses Mal blieb jedoch die Reaktion nicht aus: Mit Hilfe einiger herbeigeeilter Diener warf Pole das ganze Sbirrengesindel aus dem Palast hinaus, und der Matrose blieb zurück. Kardinal Odoardo hatte sich während dieses Zwischenfalls nicht im Palast aufgehalten, aber er war zurück, als der Governatore von Rom, Monsignor Ala, gefolgt von Justizbeamten und Sbirren, Einlaß begehrte. Monsignor Ala hatte sich von Kardinal Pietro Aldobrandini eigens ermächtigen lassen, und deshalb glaubte er wohl auch, sich mitten in der Nacht präsentieren zu können. Er ließ Kardinal Farnese wecken und verlangte von ihm die Auslieferung des entschlüpften Häftlings, Poles und aller derer, die der öffentlichen Gewalt Widerstand geleistet hatten. Zwar hatte der Governatore vorsichtshalber sein Gefolge draußen gelassen, aber auch das konnte den Kardinal nicht beschwichtigen; empört wies er alle Forderungen zurück. Daraufhin konnte sich auch der Governatore nicht enthalten, an Foschetti zu erinnern und mit einem neuerlichen Prozeß zu drohen. Aber das war nur Öl ins Feuer. Recht sei damals wohl kaum gesprochen worden, meinte der Kardinal, «indem er sich gereizt den Bart strich». Er sei heute kein Jüngling mehr wie damals und werde nicht dulden, daß das Recht noch einmal mit Füßen getreten werde. Wenn der Governatore versuchen wolle, mit Gewalt gegen seine Leute vorzugehen, solle er es nur tun, er werde dann schon sehen, was geschehen werde. Monsignor Ala nahm die Herausforderung nicht an und verließ wütend den Palast, den er von Sbirren umstellen ließ. Doch während er zu Kardinal Aldobrandini zurückeilte, begann sich der Platz vor dem Palast langsam mit Bewaffneten zu füllen.

Kardinal Odoardo hatte alle seine Verwandten, Freunde und Anhänger in Rom zu Hilfe gerufen. Als erster kam mit einer Schar Bewaffneter der spanische Botschafter, Marquis Villena, der sofort einen Boten nach Neapel sandte mit der Bitte, die an der Grenze liegenden spanischen Truppen einsatzbereit zu halten für den Fall, daß sie in Rom benötigt würden. Kurz darauf trafen die Botschafter des Kaisers und des Herzogs von Savoyen sowie die Kardinäle Sfondrati und Facchinetti ein, zu denen sich bald viele Adlige mit ihrem Gefolge gesellten. Fast alle großen römischen Familien – Caetani, Orsini, Savelli, Cesarini, Sforza, Mattei, Frangipani, Caffarelli – waren dem Aufruf von Kardinal Farnese gefolgt. Der Palast wurde zur Verteidigung gerüstet. «Im Hause der Farnese griffen alle zu den Waffen. Büchsen und Musketen wurden hervorgeholt und überall Bewaffnete postiert, am Portal, auf den Treppen und in den Räumen», berichtete der toskanische Botschafter dem Großherzog.

Sobald ihn die Nachricht von diesen Vorgängen erreichte, sandte Kardinal Aldobrandini einige seiner Höflinge zum Farnesepalast mit dem Auftrag, Kardinal Odoardo zu bewegen, die zusammengeströmte Menge fortzuschicken. Die Abgesandten trafen den Platz vor dem Palast voller Menschen an – von drei- bis viertausend Personen ist in den zeitgenössischen Berichten die Rede –, während der Palast von Waffen strotzte. «Man hätte meinen können, es handle sich um eine Stadt, die auf ihre Belagerung wartet», beschrieb der französische Botschafter Béthune die Lage. Der Palast war in eine Festung verwandelt worden. Der Kardinal, der vor einem Jahrhundert den Bau begonnen hatte, war Papst geworden, doch er wußte, daß die Tiara nicht wie eine Königskrone vererbt werden konnte, sondern nach dem Tod ihres Inhabers auf einen anderen überging. Eine Familie mußte indessen nach Kontinuität streben und darauf bedacht sein, ihr Vermögen und ihre Macht über den Zeitraum eines Menschenlebens hinweg zu bewahren; kurz, sie mußte sich gegen die künftigen Päpste und den Aufstieg neuer Familien wappnen. Nicht in seiner Eigenschaft als Kirchenfürst, sondern als Vertreter seiner Familie hatte deshalb Kardinal Alessandro Farnese, der spätere Papst Paul III., den Palast erbaut, mit der festen Absicht, ein Bollwerk gegen die Päpste zu schaffen, das einen ständigen Stachel im Herzen der päpstlichen Monarchie darstellen sollte. Der Symbolgehalt, mit dem Paul III. den Palast befrachtet hatte, entfaltete jetzt seine ganze Wirkung.

Die Abgesandten des Kardinals Aldobrandini kehrten mit leeren Händen zurück; Odoardo Farnese hatte den Vorschlag seines Gegenspielers entschieden abgelehnt. Die Sache mußte vor den Papst gebracht werden, der wie üblich mit einem Wutanfall reagierte. Indes machten die Unruhe in der Stadt und der Aufmarsch so vieler Bewaffneter deutlich, daß die Feindseligkeit gegenüber den Aldobrandini ihren Höhepunkt erreicht hatte und es klüger war, die ganze Angelegenheit nicht weiter auf die Spitze zu treiben. Pietro Aldobrandini gelang es schließlich, seinen Onkel zu beruhigen, und erhielt von ihm den Auftrag, mit Kardinal Farnese zu verhandeln. Er begab sich persönlich zu ihm, fand ihn aber in seinem Palast verschanzt und zu jedem Widerstand bereit. Unter den vielen bewaffneten Adligen, die sich um ihn scharten, erspähte er auch solche, die gewöhnlich bei ihm antichambrierten. Das Gespräch zwischen den beiden Kardinälen verlief stürmisch: Aldobrandini verlangte im Namen des Papstes die Auslieferung des Häftlings und aller derer, die ihn beschützt hatten, eine Forderung, die Farnese entrüstet zurückwies, indem er sich auf das ihm zustehende Asylrecht berief. Aldobrandini beharrte jedoch darauf, wenn er auch versprach, daß die Ausgelieferten mit Milde behandelt werden sollten. Farnese gab aber nicht nach, so daß Aldobrandini schließlich die Stimme erhob und zu drohen anfing, aber auch das fruchtete nichts. Farnese bedeutete ihm, er solle aufpassen, was er da sage; der Tod des Papstes werde die gehörige Distanz schon wieder herstellen, und dann werde sich zeigen, wer mächtiger sei, die Farnese oder die Aldobrandini. Unterdessen waren auf dem Platz Stimmen laut geworden: «Zum Fenster hinaus soll man ihn werfen, der Papst wird aus Kummer darüber sterben! Laßt uns das zu Ende bringen, was wir begonnen haben. Auf, plündern wir seinen Palast und den seiner Schwester Olimpia!» Da bekam Aldobrandini es mit der Angst zu tun und verließ wortlos den Palast. Farnese hatte allen Grund zur Freude: Sein Rivale hatte den Rückzug angetreten, jetzt konnte auch er den Palast verlassen. Er tat es mit dem größten Pomp und gab damit nochmals eine Demonstration seiner Arroganz.

Um seinen Auszug aus Rom zu schützen, hatte Marquis Villena die Porta San Pancrazio militärisch besetzen lassen. Ein langer Zug von Karossen verließ unter dem Schutz einer Truppe des Nachts im Fackellicht die Stadt. Das Ziel war die Ortschaft Caprarola auf farnesischem Gebiet. Hier befand sich ein weiterer Palast der Farnese, der zwar weniger schön als der römische, dafür aber ungleich besser gerüstet war und sogar über Kanonen verfügte. Hierhin zog sich der Kardinal jetzt zurück. Villena kehrte am folgenden Morgen nach Rom zurück, verabschiedete die Adligen, die dem Kardinal zu Hilfe geeilt waren, und sprach ihnen im Namen des Königs von Spanien seinen Dank aus.

Clemens VIII. reagierte zunächst mit aller Entschiedenheit. Er ließ ein Verzeichnis aller am Aufstand Beteiligten aufstellen und befahl, diejenigen festzunehmen, die sich dabei am meisten hervorgetan hatten. Die aber waren mit Hilfe Villenas längst über die Grenze unter spanischen Schutz geflohen, einige in die Abruzzen, andere nach Porto Ercole. Der Palast wurde sorgfältig durchsucht, aber niemand darin gefunden, denn der Kardinal hatte seine Leute angewiesen, das Gebäude zu räumen; nur der Bischof Guidiccioni und der Haushofmeister Scotto waren zum Schutz zurückgeblieben. Der französische Botschafter Béthune hatte sich unterdessen zu Kardinal Pietro Aldobrandini begeben und dann mit ihm zusammen zum Papst, um diesem die Hilfe Frankreichs anzubieten. Dabei unterließ er es nicht, das Schreckgespenst der Plünderung Roms von 1527 an die Wand zu malen, als die Spanier mit Unterstützung der Colonna Clemens VII., den gleichnamigen Vorgänger Clemens' VIII., in der Engelsburg belagert hatten. Béthune riet dem Papst außerdem, von König Philipp III. von Spanien die Abberufung seines Botschafters zu verlangen. Clemens VIII. folgte dieser Aufforderung mit zwei Breven vom 29. August an den König und seinen Minister, den Herzog von Lerma.

Die Aldobrandini hatten so und so schon Angst, aber die Worte Béthunes jagten ihnen einen noch größeren Schrecken ein. Vor allem der Papst schien verängstigt, denn er ließ korsische Truppen kommen und die Kanonen auf der Engelsburg instandsetzen. Ein paar Tage später behauptete er dem toskanischen Botschafter gegenüber, die vom Kardinal Farnese befehligten Aufständischen hätten ihn töten wollen. Die Furcht des Papstes war völlig unbegründet, denn niemand hatte nach seinem oder seiner Angehörigen Leben getrachtet. Ein Geschichtsschreiber des 17. Jahrhunderts, Vittorio Siri, der gerne bei pittoresken und phantasievollen Einzelheiten verweilt, erzählt zwar, daß Herzog Giuliano Cesarini, der liederliche Sohn der Clelia Farnese, vorgeschlagen habe, den nichtsahnenden Papst gefangen zu nehmen und nach Caprarola zu bringen, doch fügt er auch hinzu, daß der «von Natur aus maßvolle und milde» Kardinal Odoardo ein solch gewaltsames Vorgehen abgelehnt hätte. Diese Darstellung wird zwar von anderen Quellen nicht bestätigt, Mordabsichten schließt aber auch Siri aus. Nur der Papst konnte auf den Gedanken kommen, daß sein Leben in Gefahr schwebte.

Clemens VIII. wagte jedenfalls nicht, gegen den Kardinal, der seine Autorität öffentlich mit Füßen getreten hatte, Maßnahmen zu ergreifen. Er beschränkte sich darauf, den Herzog von Parma aufzufordern, unverzüglich nach Rom zu kommen, um über eine Aussöhnung zu verhandeln. Der Botschafter Béthune versuchte, das Verhalten des Papstes mit einer Maxime der Staatsraison er erklären («Die Gewalt des Papstes ist im spirituellen Bereich sehr viel umfassender als im temporalen»). Dabei ließ er jedoch die entscheidende Tatsache außer acht, daß der Papst nur wenige Jahre zuvor mit französischer Unterstützung und ohne daß ihm ein Aufstand Gelegenheit geboten hätte, sehr wohl in der Lage gewesen war, Cesare d'Este Ferrara zu nehmen. Damals hatte eine Bestimmung des Lehnsrechts genügt, um einen Fürsten aus altangesehener Familie seines Staates zu berauben, während jetzt nicht einmal ein bewaffneter Aufstand und die militärische Besetzung eines römischen Stadttors den Papst dazu bestimmen konnte, einen revoltierenden Kardinal zu bestrafen.

Ranuccio war schon vor Erhalt des päpstlichen Schreibens durch Kuriere seines Bruders von den römischen Vorgängen unterrichtet worden. Nicola Bonarelli, einer der Kuriere, berichtete am 29. August dem Kardinal, daß der Herzog völlig außer sich gewesen sei: «Er wollte die Verwandtschaft mit den Aldobrandini aufkündigen und auf all das, was man von ihnen erwarten könne, verzichten; es wäre ihm eine Freude gewesen, wenn man den Governatore und den Bargell aus dem Fenster geworfen hätte.» Das Bild der Aldobrandini und ihrer Abgesandten, die aus dem Palast geworfen wurden, in den sie eingedrungen waren, drängte sich mit Macht wieder auf und war so verführerisch, daß Vittorio Siri sogar glaubte, es entspräche der Wirklichkeit. Nach Siris Bericht soll der Kardinal befohlen haben, den Governatore nach seinem Gespräch mit ihm aus einem Fenster des Treppenhauses zu werfen; die Kardinäle Sfondrati und Piatti, Ohrenzeugen dieses Befehls, hätten dies jedoch verhindert, indem sie den Governatore «geschickt auf der zur Via Giulia hin liegenden Wendeltreppe aus dem Palast hinausließen und so vor dem drohenden Tod retteten». Die Vorstellung, daß der Governatore aus dem Fenster stürzte, ließ die barocke Einbildungskraft phantastische Geschichten erfinden, Wirklichkeit geworden war sie indes noch nicht. Es mußten noch mehrere Jahre vergehen, bevor die böhmischen Adligen die kaiserlichen Beamten tatsächlich aus den Fenstern des Prager Schlosses warfen. Erst mit dem böhmischen Aufstand von 1618 fand das Wort «Fenstersturz» Eingang ins politische Vokabular. Aber Rom war nicht Prag und Kardinal Odoardo Farnese kein Protestant. Nicola Bonarelli, der Gesandte des Kardinals an seinen Bruder, straft Siri Lügen und verweist die Vorstellung in das Reich der Wünsche. Der Kardinal, berichtete er dem Herzog, habe erst nach dem Weggang des Governatores erfahren, daß die Sbirren sich gewaltsam Einlaß in den Palast verschafft hatten; folglich hätte er sich gar nicht derart beleidigt fühlen können, um den Governatore zum Fenster hinauszuwerfen.

Die Nachricht vom farnesischen Aufstand in Rom erreichte schnell alle italienischen Höfe, wo die Arroganz der Aldobrandini und der Handstreich auf Ferrara erheblichen Unwillen ausgelöst hatten. Die Fürsten sympathisierten alle mehr oder weniger mit Ranuccio, so wie der römische Adel mit seinem Bruder sympathisiert hatte. Die Herzöge von Urbino, Modena, Mantua und – was am meisten ins Gewicht fiel – der Großherzog von Toskana, ein treuer Verbündeter und Verwandter des französischen Königs, traten der Reihe nach auf die Seite des Herzogs von Parma. Als dieser nach Rom kam, sandte ihm Clemens VIII. bis zwei Meilen vor die Stadt einen Zug von sechsundzwanzig Kardinälen entgegen und bezeigte ihm auch während seines ganzen Aufenthaltes die größten Ehren. Man wunderte sich, schrieb später Siri, «daß ein Fürst von mittlerem Rang ganz wie ein König behandelt wurde».

Der großartige Empfang ermutigte Ranuccio, volle Satisfaktion zu fordern. Er weigerte sich, mit Kardinal Pietro zu sprechen und verlangte, direkt mit dem Papst zu verhandeln. Geschickt drehte er dabei den Spieß um und stellte den Bruder als denjenigen hin, dem Unrecht zugefügt worden war und dessen Ehre und Reputation wiederhergestellt werden mußten. Clemens VIII. machte gute Miene zum bösen Spiel und erfüllte alle – oder doch fast alle – Forderungen Ranuccios: Alle, die dem Kardinal zu Hilfe geeilt waren, wurden von jeder Schuld freigesprochen; auch die beiden Kardinäle, die sich in den Farnesepalast begeben hatten, erlangten die Verzeihung. Dem Governatore wurde befohlen, sich nach Caprarola zu begeben und sich beim Kardinal für den Affront zu entschuldigen; der Bargell wurde seines Amtes entsetzt. Die Forderung an den spanischen König, seinen Botschafter abzuberufen, nahm der Papst zurück. Ein Geleitbrief erlaubte es Pole und den anderen Dienern des Kardinals, die des Widerstands gegen die öffentliche Gewalt angeklagt waren, ungestört nach Rom zurückzukehren; ein päpstliches Breve sprach sie darauf von jeder Schuld frei. In Caprarola gewährte Odoardo Farnese in einer feierlichen Zeremonie, an der Hunderte von Menschen teilnahmen, Monsignor Ala seine Verzeihung. Damit war auch für den Kardinal der Augenblick gekommen, nach Rom zurückzukehren. Sein Einzug in die Stadt glich einem Triumph. An seiner Seite ritten die

Botschafter Spaniens und des Kaisers, hinter ihm die Neffen des Papstes; nur Kardinal Pietro Aldobrandini hatte sich geweigert, am Zug teilzunehmen. Die Stadt empfing Odoardo Farnese mit Jubel und Akklamationen, sogar von den Dächern schallte es «Viva Farnese». Die Verzeihung, um die Odoardo den Papst im Konsistorium bat, kam einer Revanche gleich: Foschetti war endlich gerächt.

Für die Aldobrandini war es eine katastrophale Niederlage, die auch die innere Spaltung der Familie zur Folge hatte: Olimpia warf Pietro vor, die Familie mit seiner Arroganz und seinem grenzenlosen Ehrgeiz in den Ruin zu treiben. Als einziger Trost blieb den Aldobrandini nur der Rückgang des spanischen und die Zunahme des französischen Einflusses. Aber das ging allenfalls den Marquis Villena an, denn die Farnese hatten mehr als einen Grund, sich über die Spanier zu beklagen, vor allem wegen der undurchsichtigen Haltung, die sie in der englischen Thronfolgefrage eingenommen hatten. Von nun an stimmte denn auch Kardinal Odoardo im Konklave stets für den französischen statt, wie zuvor, für den spanischen Kandidaten. Anfänglich trugen Odoardo Farnese und Pietro Aldobrandini die größte gegenseitige Feindschaft zur Schau, dann aber versöhnten auch sie sich. Unter Vermittlung des Kardinals Conti, eines Freundes der Farnese, gegen den aber auch die Aldobrandini nichts einzuwenden hatten, trafen sich die beiden Kardinäle Anfang Februar 1605 in Terni. Der Friede war gerade noch rechtzeitig zustande gekommen, denn schon einen Monat später, am 3. März 1605, erlag Clemens VIII. einem Schlaganfall.[44]

Ein altgedienter Höfling der Farnese, der Cavalier Tiburzio Burzio, dem wir noch bei anderer Gelegenheit begegnen werden, schrieb im Alter in sein Notizenbuch, daß der römische Aufstand des Kardinals Odoardo das

Ende «dieses guten Papstes» beschleunigt habe. Dies war nach der Aussage des Kardinals Bentivoglio tatsächlich «die allgemeine Meinung», die in den Geschichtswerken von Auguste de Thou und Vittorio Siri schon bald zur historischen Wahrheit wurde.[45]

Unsere Geschichte endet aber nicht mit dem Tod des Papstes, denn nur wenig später folgte diesem noch ein anderer Tod. Arthur Pole, der Held des Aufstands vom 23. August, war im Dezember – zweifellos auf Betreiben von Kardinal Odoardo und Marquis Villena – von Philipp III. von Spanien zum Ritter von Santiago mit einer Pension von 500 Skudi ernannt worden. Für den Papst und seine Neffen war dies ein erneuter Schlag ins Gesicht. Am 23. Juni 1605 wurde Pole tot bei der Statue des Pasquino aufgefunden, der Körper von Wunden übersät, das Schwert zerbrochen neben ihm. Kardinal Odoardo ging sein Tod sehr zu Herzen. Er ließ ihn in der Chiesa del Gesù, der Hauskirche der Farnese, bestatten, und zwar «mit solcher Feierlichkeit, daß sie für den Kardinal selbst nicht größer hätte sein können». Ein außergewöhnlich hohes Kopfgeld von 10000 Skudi wurde zur Ergreifung der Mörder ausgesetzt, die tatsächlich schon nach wenigen Tagen an der Grenze zu den Abruzzen festgenommen wurden. Die Namen der Mörder sind nicht überliefert, jedoch war einer von ihnen, wie sogleich bekannt wurde, ein Diener der Olimpia Aldobrandini. Der Mord hatte aber nur zufällige Gründe. Es war zu Händeln gekommen, während Pole sich nachts zur Piazza Navona begab, und die drei Gewalttäter hatten dabei den Engländer erschlagen. Wichtiger als der Anlaß des Mordes erschien dagegen die Tatsache, daß ein Mann, der in Diensten der Aldobrandini stand, einen Höfling der Farnese getötet hatte. Kardinal Pietro und sein Neffe Silvestro, der älteste Sohn Giovanfrancescos und Olimpias, den Clemens VIII. schon mit vierzehn Jahren zum Kardinal erhoben hatte, drückten Odoardo persönlich ihr Beileid aus.[46]

In seinem Kommentar zum Dritten Gebot, das das Töten verbietet, schreibt Bellarmino, daß «die Fürsten und die Regierenden, welche die öffentliche Gewalt innehaben, nicht als Herren über das Leben der Menschen, sondern als Diener Gottes handeln, wenn sie die Missetäter töten lassen. Deshalb wird auch die Tötung eines Missetäters durch die öffentliche Gewalt nicht Mord, sondern Akt der Gerechtigkeit genannt. Und wenn das Gebot sagt, du sollst nicht töten, dann heißt das, du sollst nicht aus eigener Gewalt töten».[47] Folglich war die Tötung Poles ein Mord, die Tötung Foschettis aber ein Akt der Gerechtigkeit.

Der negierte Körper.

Auf welche Weise Papst Clemens VIII. die Kurtisanen verfolgte

Wenn Camillo De Lellis einer Frau begegnete, «dann schlug er», wie es in seiner ersten Lebensbeschreibung heißt, «einen anderen Weg ein oder zog, wenn er das nicht konnte, den Hut ins Gesicht und beschleunigte seine Schritte, um so schnell wie möglich einer solchen Begegnung zu entfliehen».[48] Camillo De Lellis war ein Heiliger, Clemens VIII. war es nicht. Aber er war Papst, und so zog er seinen Hut nicht ins Gesicht, sondern versuchte auf behördlichem Weg alle anstößigen Dinge aus seinem Gesichtskreis zu verbannen. Sein erster Gedanke nach seiner Wahl zum Papst galt den Huren, die den Borgo bevölkerten, das Viertel, das an den Vatikanpalast, seine offizielle Residenz, grenzte. Am 1. Februar – die Wahl hatte am 30. Januar stattgefunden – wurde an allen Ecken des Borgo ein Erlaß des Governatore angeschlagen, in dem «auf ausdrücklichen Befehl des Papstes» unter Androhung von «Rutenhieben, Eigentumsverlust und Verweisung aus der Stadt» den Kurtisanen den Aufenthalt in diesem Viertel untersagt wurde. Hier residierte der Heilige Vater, und es ging nicht an, daß unter seinen Augen «Anlaß zu Ärgernis und schlechtes Beispiel» gegeben wurde.[49]

Dieses Edikt war der Beginn einer regelrechten Verfolgungsjagd, denn Clemens VIII. sah schon bald darauf ein, daß es nicht genügte, die Kurtisanen aus dem Borgo zu verbannen, wenn er ihren Anblick vermeiden wollte.

Eine innere Unruhe trieb ihn nämlich ständig von einem Ende der Stadt zum anderen, und es gab immer wieder einen Grund für ihn, den Vatikan zu verlassen und auf den Monte Cavallo, in den Colonnapalast bei den Zwölf Aposteln oder den Palast bei S. Marco überzusiedeln.[50] Nur wenn sich die Kurtisanen nicht mehr frei in der Stadt bewegen konnten, war auch die Gefahr gebannt, daß er ihrer ansichtig würde. Es galt also, ihnen ein festumrissenes Quartier anzuweisen, das er sich hüten würde, je zu betreten. Einen solchen Bezirk gab es sogar schon. Es war der sogenannte «Ortaccio», ein Viertel, das vom Arco di Portogallo bis zur Piazza del Popolo reichte. Schon Pius V. hatte versucht, aus dem Ortaccio ein richtiges Ghetto zu machen, aber es war ihm nicht gelungen, die Kurtisanen hier einzusperren. Er mußte einsehen, daß es sehr viel schwieriger war, die Kurtisanen in ein Ghetto zu zwingen als die Juden. Auch Sixtus V. war an dieser Aufgabe gescheitert.[51] Einige in dieser Hinsicht erfahrene Kardinäle hatten Clemens VIII. denn auch hierauf hingewiesen, aber nur den heftigen Zorn des Heiligen Vaters erregt. Am 15. Februar erging ein neues Edikt, das den Kurtisanen befahl, in den Ortaccio zurückzukehren oder aber die Stadt zu verlassen. Einen solchen Entschluß faßten freilich nur wenige, und zwar sehr zu ihrem Schaden, denn einige Frauen wurden auf dem Weg nach Neapel von Straßenräubern ausgeplündert und erschlagen.

Viele der Kurtisanen, die geblieben waren, fanden indes in dem ihnen angewiesenen Bezirk keine Unterkunft, und da die gesetzte Frist von zehn Tagen und die übliche Androhung von Rutenhieben und Eigentumsverlust sie in die höchste Aufregung versetzte, kam es zu ziemlichem Tumult. In dieser Lage führte ein Kardinal dem Papst von neuem «die Schwierigkeit dieser Angelegenheit, die ganz Rom in Aufruhr versetzt und nicht so wichtig wie anderes ist», vor Augen. Aber mit diesen von der Vernunft diktierten Argumenten erreichte er nur, daß die Frist verlängert und der Bezirk etwas ausgedehnt wurde. Der Kurtisanenkrieg ging also weiter. Zwei Huren aus dem Borgo wurden in das Gefängnis in der «Tor di Nona» eingesperrt, weil sich herausgestellt hatte, daß sie verheiratet waren. Den Spanierinnen – von ihnen gab es immer viele in Rom – wurde befohlen, innerhalb von Monatsfrist die Stadt zu räumen. Auch eine römische Kurtisane namens Marzia Conti sollte aufgrund der päpstlichen Edikte die Stadt verlassen, doch einer ihrer hochgestellten Kunden, der römische Marchese Onofrio Santacroce, der auf ihre Gunst nicht verzichten wollte, versteckte sie auf seinem Gut Veiano und setzte alle seine Beziehungen ein, um die Verbannung rückgängig zu machen. Die Sache erwies sich aber als recht schwierig, weil die Kurtisane auf eigenen Befehl des Papstes aus der Stadt verwiesen worden war und alles, was sie betraf, durch seine Hände ging.

Die Verbannung aus der Stadt und die Beschlagnahme der Habe waren gewöhnlich von öffentlicher Auspeitschung, wenn nicht von noch schwererer körperlicher Züchtigung begleitet. So wurde eine Kupplerin mit dem Eselsritt bestraft und dabei zusätzlich mit Rutenhieben traktiert. Zwei Eheleute mußten sich gegenseitig auspeitschen, während sie auf einem Karren in das Stadtviertel Ponte gebracht wurden, wo dem Mann, der der Zuhälterei angeklagt war, die Nase, der Frau ein Ohr abgeschnitten wurde. Dem Mann waren dabei «zwei große Hörner mit Schellen» auf den Kopf gesetzt worden. Am 9. November erging schließlich ein Edikt, das es Gast- und Schenkwirten sowie allen Zimmervermietern untersagte, ohne Erlaubnis Frauen «jeder Art und gleich welchen Standes» zu beherbergen; «Ehefrauen, Töchter, Schwestern, Tanten, Schwägerinnen oder andere Verwandte, gleich welchen Grades», waren von dem Verbot nicht ausgenommen.[52]

Der Kampf gegen die Prostitution war eine Konstante im Pontifikat dieses Papstes. 1597 und 1599 sorgten weitere Edikte dafür, daß die Vorschriften nicht in Vergessenheit gerieten. Fast jedes Jahr wurden Razzien durchgeführt und Kurtisanen und Kuppler öffentlich bestraft, wobei wiederum manch einer seiner Nase verlustig ging. Clemens VIII. versuchte auch, die Repression durch die Polizei mit gesellschaftlicher Kontrolle zu verbinden. Zu diesem Zweck wurden die Pfarreien mobilisiert, wo die Prostituierten registriert und zusammen mit ihren Kunden der Polizei angezeigt werden sollten.[53]

Dennoch blieben die Beobachter skeptisch, was den Erfolg dieser Anstrengungen betraf. Schon vor knapp einem halben Jahrhundert hatte der venezianische Botschafter Luigi Mocenigo die Überzeugung geäußert, daß Rom wohl immer die Hauptstadt der Prostitution bleiben werde, da die Konzentration von Männern, die zum Zölibat gezwungen waren, die Nachfrage unweigerlich hoch halten müsse. Und ganz ohne Ironie hatte der venezianische Diplomat noch hinzugefügt, daß die Prostitution das Hauptgewerbe der Stadt sei, denn hier könne es sogar vorkommen, daß sich junge Mädchen aus den besten Familien «mit Zustimmung von Vater, Mutter und Brüdern» an Kardinäle und Bischöfe verkauften.[54] Daß sich an dieser Situation wenig geändert hatte, begann auch Clemens VIII. nach einigen Jahren vergeblichen Kampfes allmählich einzusehen. Im Dezember 1595 wurde einer seiner Leibdiener bei einer der üblichen Durchsuchungen im Hause einer Kurtisane angetroffen. Einen Monat später – im Januar 1596 – wurde unter ähnlichen Umständen Monsignor Marco Lippomano, ein venezianischer Prälat, verhaftet, den seine Schwäche teuer zu stehen kam: Er wurde zunächst eingekerkert und dann in das abgelegene Benediktinerkloster in Subiaco verbannt, aus dem ihn schließlich mächtige Beschützer befreiten. Wieder zwei Monate vergingen, da ließ eine Denunziation aus einer Pfarrei Giuseppe Cesari, den «Cavalier d'Arpino», in die Falle gehen. Dieser war zwar damals noch kein Ritter Christi, aber er stand als Maler bereits hoch in der Gunst der Aldobrandini und des Papstes selbst.[55]

Je höher die Ränge der Hierarchie, desto unwirksamer erwies sich die päpstliche Moralkampagne, die auch wieder merkwürdige Kehrseiten hatte. Das Laster hatte nämlich auch vor dem Kardinalskollegium nicht haltgemacht und sogar die «Kreaturen» und engsten Verwandten des Papstes ergriffen. Paolo Emilio Zacchia wurde 1599 zum Kardinal ernannt und stieg schnell zum «Palastorakel», das heißt zum meistgehörten Berater des Papstes auf. Sein Hang zu fröhlichem Leben war stadtbekannt, nur Clemens VIII. tat so, als ob er davon nichts wüßte. Im Januar 1600 zog sich der Kardinal plötzlich aus der Öffentlichkeit zurück und gab als Grund dafür ein nicht näher bestimmtes Leiden an. Es war von einer Augenkrankheit die Rede, doch der wie immer bestens informierte Kardinal Del Monte konnte dem Großherzog von Toskana berichten, daß es sich in Wirklichkeit um «eine höchst handgreifliche Franzosenkrankheit» handele. Wie Zacchia hatte auch Giovanni Battista Deti, ein Neffe des Papstes mütterlicherseits, 1599 den roten Hut empfangen. Auch von ihm war bekannt, daß er «den Vergnügungen mehr als den Geschäften» zugetan war. Die Sache war so notorisch, daß selbst der Papst den Kopf nicht in den Sand stecken konnte und ihm wegen seines Lebenswandels häufig Vorhaltungen machte. Del Monte schreibt, daß Clemens VIII. ihm einmal ausrichten ließ, «er solle nicht immerzu in Rom herumtrödeln», aber damit erreichte er nur, daß sich sein Neffe fortan nachts statt tagsüber in der Stadt herumtrieb. Nachts war Rom überhaupt ein richtiges Welttheater, wo man zuweilen auch dem Kardinal Pietro Aldobrandini begegnen und zusehen konnte, wie er den Palast einer römischen Dame bestürmte, um deren Gunst er gerade buhlte. Der auf Gesellschaftsklatsch spezialisierte Chronist Theodor Amayden, der aber trotzdem gewöhnlich gut informiert ist, erzählt, daß Kardinal Pietro eine wahre Schwäche für verheiratete Damen hatte, obwohl er auch den Kurtisanen nicht abgeneigt war. Einmal verliebte er sich so heftig in eine der damals so begehrten Spanierinnen, daß er ein Vermögen für sie ausgab. Seine Finanzen ruinierte er damit aber trotzdem nicht. Ein vom Neid diktierter Kalauer, der damals am päpstlichen Hof unter den Kurialen die Runde machte, lautete: «Petrum pro Petro a Clemente spoliatum» – Petrus wird für Pietro von Clemens ausgeraubt.[56]

Die Jagd auf die Kurtisanen hinderte den Papst nicht an einer womöglich noch schärferen Verfolgung der Homosexualität. Wer diesem «schändlichen Laster» frönte, mußte nicht nur um seine Nase, sondern sogar um sein Leben bangen. Die Prozesse wegen Sodomie häufen sich während des Pontifikats Clemens' VIII., und jedes Jahr ließ mehr als einer sein Leben am Galgen. Im Januar 1600 berichtete ein toskanischer Agent nach Florenz, daß der Papst einen der Sodomie angeklagten Mönch «erst aufhängen und dann verbrennen» lassen habe. Das gleiche Schicksal ereilte auch andere, Laien wie Geistliche.[57]

Doch empörte sich Clemens VIII. nicht nur dann, wenn er Kurtisanen sah; auch Kleidung und Frisuren erregten leicht seinen Anstoß. So erließ er schon im Juli 1592, gleich zu Beginn seines Pontifikats, eine Kleiderordnung für Geistliche und Doktoren. Besonders die Kleidung der Geistlichkeit lag ihm am Herzen. Er bestimmte, daß sie «ein Oberkleid mit weiten, bis zum Boden reichenden Ärmeln» tragen sollten. Schon vorher hatte er Ähnliches für die Kurtisanen vorgesehen; ihr Kennzeichen sollte ein gelber, bis zum Boden reichender Ärmel sein. Geistliche und Kurtisanen mußten an ihrer Kleidung schon auf den ersten Blick erkennbar sein, damit eventuelle Kontakte zwischen ihnen unverzüglich der Obrigkeit angezeigt werden konnten. 1597 wurden diese Bestimmungen wiederholt, 1601 traf es auch die Kardinäle. Selbst ihnen traute der Heilige Vater nicht mehr; sie sollten fortan stets ihren roten Ornat tragen, damit sie jederzeit als Kardinäle erkennbar waren. Alle diese Kleidervorschriften lassen eine tiefer greifende Befürchtung erahnen: Die Ärmel sollten bis zum Boden reichen, damit die Arme nicht nackt blieben. Diese Sorge war überdies nicht nur auf Geistliche und Kurtisanen beschränkt. Zwar ist das diesbezügliche Edikt Clemens' VIII. nicht erhalten, so daß wir über die Einzelheiten nicht informiert sind. Doch können wir einer wenig älteren, nie außer Kraft gesetzten Bulle Sixtus' V. entnehmen, daß die Frauen ganz allgemein betroffen waren. Die Bulle Sixtus' V. bildete einen obligaten Bezugspunkt für die ganze Materie, sicherlich auch für Clemens VIII., der ein Geschöpf und in vieler Hinsicht der geistige Erbe dieses Papstes war. Sie verbot den Frauen, «in Hemdsärmeln in Rom herumzulaufen» und ohne Unterrock Kleider aus netzartigem, maschigem oder ganz allgemein durchsichtigem Stoff zu tragen; auch Federhauben und kostbar gearbeitete Schuhe wurden untersagt.[58] Ein «Avviso» vom 9. September berichtet, daß Clemens VIII. sich außerdem mit dem Gedanken trug, die Kleidung der adligen Damen zu reformieren, einschließlich Haartracht und Schuhen. Dem Papst war es unerträglich, daß die Damen hoch aufgetürmte Stirnlocken trugen. Noch schlimmer schien es ihm, wenn Jünglinge sich so frisierten, und deshalb wies er den Bargell im Juli 1600 an, den Haarschopf kurzerhand abzuschneiden, wenn ihm ein so aufgemachter junger Mann über den Weg lief. Eine solche Haartracht war für den Papst typisch weiblich und deshalb verführerisch, das heißt gefährlich. Um so verdammenswerter war es, wenn Jünglinge die Frisur nachahmten.[59]

Die negative Einstellung gegenüber der Sexualität bedingte auf drastische Weise die Wahrnehmung des Körpers, vor allem seine visuelle Wahrnehmung. Der menschliche Körper mußte dem Blick entzogen werden, verborgen bleiben, sorgfältig bekleidet sein – er durfte sich nie in seiner Nacktheit zeigen. Den größten Anstoß gaben natürlich die Geschlechtsteile, die zu allererst aus der Sicht verschwinden mußten. Am 7. Juni 1599 erging «auf besonderen, mündlichen Befehl Unseres Herrn» ein Edikt, das die sommerliche Gewohnheit der Römer, nackt im Tiber zu baden, unter Strafe stellte. Unter Androhung von Rutenhieben und Gefängnis wurde verboten, «sich nackt auszuziehen» und «ohne Unterhosen oder die Schamteile zu bedecken» im Fluß zu baden.[60] In genau dem gleichen Jahr predigte im fernen Kalabrien ein visionärer, aufrührerischer Mönch den Bauern, «daß der Liebesakt erlaubt sei, und als Beweis dafür gab er an, daß der Mensch, ebenso wie er Arm und Fuß gebraucht, auch das Glied gebrauchen könne».[61] Die «natürliche Freiheit», die Tommaso Campanella den kalabrischen Verschwörern versprach, wurde zur Triebfeder für den Plan eines großangelegten Aufstands, dessen letztes Ziel der Abfall vom Christentum und der Übergang zu den Türken war. Um so erstaunlicher ist, daß auch hier die menschlichen Körperteile für gleichwertig erklärt werden – freilich unter umgekehrten Vorzeichen.

ZENSUR.

Über den Versuch,
das Nackte aus der Kunst zu verbannen

DER ABSCHEU vor allem Nackten machte sogar vor dem bildlich dargestellten Körper nicht halt. Clemens VIII. besuchte der Reihe nach alle Kirchen und Kultstätten seines römischen Bistums, um sich mit eigenen Augen davon zu überzeugen, daß die Dekrete des Trienter Konzils über die kirchliche Disziplin auch eingehalten wurden. Mit besonderer Aufmerksamkeit prüfte er den Bildschmuck der Kirchen, und keine noch so kleine Spur entblößter Haut entging dabei seinem kritischen Blick. In der Kirche S. Marcello ließ er ein Bild übermalen, in S. Maria Maggiore einige Holzskulpturen bekleiden; in S. Maria della Conciliazione und in S. Maria in Trastevere mußten sogar mehrere Kruzifixe mit Schleiern verhüllt werden. Engel und Magdalenen fielen scharenweise seinem heiligen Eifer zum Opfer. In St. Peter ging er außerordentlich scharf vor. Weil ihm die nackten Brüste einer Maria Magdalena zu aufreizend erschienen, befahl er, sie mit dem dicht vom Haupt wallenden Haar der Heiligen zu bedecken; dann ließ er die profane Dekoration einiger Bronzeleuchter entfernen, denn er hielt dergleichen Verzierungen für unpassend in einem Kirchenraum. Eine antike Minerva in Santa Maria in Aracoeli mußte zu einer Heiligen umgestaltet werden.[62] Das erste Ergebnis der päpstlichen Inspektionen war ein Edikt des Kardinalvikars Rusticucci vom 2. Dezember 1593. Alle Kirchenmalerei sollte von nun an einer strengen Präventivzensur unterliegen, damit kein «unschickliches Ornament oder anderes Profane» sie kontaminierte. Dieses Edikt wurde zehn Jahre später von einem anderen Kardinalvikar wiederholt; es hieß Camillo Borghese und bestieg wenig später als Paul V. den päpstlichen Thron.[63]

Zwischen der ersten und der zweiten Publikation des Edikts wurde im Jahre 1596 auf Anweisung Clemens' VIII. ein neuer Index der verbotenen Bücher zusammengestellt, in dem unter anderem auch der Druck obzöner und ganz allgemein moralgefährdender Bücher verboten wurde.[64] Dem Kardinal und Erzbischof von Bologna Gabriele Paleotti, einem Veteranen des gegenreformatorischen Kampfes für die Einführung einer Bildzensur, mußte ein solches offzielles Verbot natürlich sehr gelegen kommen. Schon 1582 hatte Paleotti nämlich in seinem *Discorso sulle immagini sacre e profane* versucht, die Kriterien des Bücherindex auf die bildenden Künste und vor allem auf die Malerei zu übertragen. Das Ergebnis war, wie es dem Stoff entsprach, den der Kardinal zu reglementieren wünschte, ein regelrechter Index der verbotenen Bilder. Dessen praktische Wirkung war jedoch gering geblieben, weil er nicht verbindlich war. Der Kardinal hatte zudem sein Werk nicht vollendet und nur zwei der fünf geplanten Kapitel ausgearbeitet. Auch eine 1594 erschienene lateinische Übersetzung hatte den Einfluß der Schrift nicht wesentlich erhöht. Der 1596 publizierte Index der verbotenen Bücher bot nun Paleotti endlich die ersehnte Gelegenheit, entschieden auf die Einführung eines vom Papst selbst erlassenen und deshalb für das ganze katholische Europa verbindlichen Bilderindex hinzuarbeiten. Er sprach mit Clemens VIII. über seinen Plan und scheint von ihm die Zusage seiner vollen Unterstützung erhalten zu haben. Bevor er dem Entwurf seine endgültige Form gab, verfaßte er noch ein

Memorandum, dem Kardinäle und Theologen ihren Beifall zollten, unter ihnen auch Roberto Bellarmino, der der Meinung war, daß es «dringend nötig» sei, «ein wirksames Mittel gegen die so schädliche Freiheit der Maler» zu finden. Die Bildzensur hatte indes auch ihre negative Seite, wenn man die protestantische Polemik gegen Andachts- und Heiligenbilder berücksichtigte, denn die Aufzählung der hier getriebenen Mißbräuche in einem offiziellen Index konnte den Protestanten eine wirksame Waffe in die Hand geben. Die Diskussion kam jedenfalls nicht zu einem operativen Schluß. Paleotti starb, und mit ihm wurde auch sein Projekt begraben.[65]

Einer der Gegner Paleottis, Silvio Antoniano (er wurde bald darauf Kardinal), hatte auch dessen Kritik an der Wirksamkeit der bischöflichen Kontrolle zurückgewiesen, und man kann ihm nur recht geben angesichts des Erfolgs, den der Papst selbst in seinem Bistum erringen konnte. Die Aufsicht über die Bildwerke wurde 1593 durch ein Edikt den Kustoden der kirchlichen Gebäude übertragen, und da der Papst oft persönlich zur Kontrolle erschien, fühlten sich die Küster zu besonderer Wachsamkeit verpflichtet. Aufschlußreich ist eine Episode aus dem Jahr 1604. Damals wollte der Küster des Pantheons eben unter Berufung auf das Edikt von 1593 ein neues Bild nicht in die Kirche lassen. Es handelte sich um ein Gemälde, das die «Virtuosi del Pantheon», eine Künstlervereinigung, für ihre Kapelle in Auftrag gegeben hatten. Die «Virtuosi» wandten sich an ihren Protektor, den Kardinalvikar Borghese, der ihnen riet, die Zeichnung zu ihrem Gemälde von einem Theologen der Chiesa Nuova begutachten zu lassen. Dieser befand, daß der Hl. Joseph zu alt aussehe, und verlangte eine Verjüngung.[66]

Am einfachsten und sichersten war es natürlich, wenn schon der Auftraggeber präventiv für die Zensur sorgte.

Es war dies auch die diskreteste Methode, für die Clemens VIII. selbst bei mehreren Gelegenheiten ein Vorbild gab. Zur Erläuterung möge das folgende gut dokumentierte Beispiel dienen. Federico Barocci war 1603 beauftragt worden, für die Kapelle der Aldobrandini in S. Maria sopra Minerva ein Gemälde zu schaffen, das die Stiftung der Eucharistie zum Thema haben sollte. Der Herzog von Urbino vermittelte den Auftrag, doch wollte Clemens VIII. vor der Ausführung die Zeichnungen sehen, und da ihm der dargestellte Teufel nicht gefiel, ließ er ihn entfernen. Er wünschte noch weitere Änderungen, die er sich alle durch Zeichnungen belegen ließ. Der Maler ärgerte sich zwar sehr über diese Einmischung, aber es blieb ihm nichts anderes übrig, als den Forderungen seines Auftraggebers nachzukommen.[67]

Die Hauptzielscheibe all dieser Zensurbestrebungen war natürlich alles Laszive und der eng damit in Verbindung stehende nackte Körper. Dem Akt war bezeichnenderweise das ganze dritte Buch von Paleottis *Discorso* gewidmet, von dem allerdings nur die italienischen Kapitelüberschriften und einige Fragmente der lateinischen Übersetzung erhalten sind. Doch schon dies wenige macht klar, daß Paleotti völlig mit Bellarmino übereinstimmte. Auch für Paleotti war das Auge das Sinnesorgan, das der Unkeuschheit Vorschub leistete, der Blick der Weg, auf dem das Gift der Versuchung in die Seele drang. Die bildliche Darstellung war deshalb seiner Ansicht nach besonders wirksam und damit um so gefährlicher, was auch erklärte, «warum man die Huren duldet, die unsittsamen Malereien aber nicht erlaubt». Noch durfte die künstlerische Bravour zur Nachsicht verleiten, da sich «die Kunst des Malers ebenso gut – wenn nicht besser, wie einige meinen – in den bekleideten Figuren zeigen kann wie in den nackten».[68] Die gleiche intransigente Haltung gegenüber dem nackten Körper spricht

auch aus dem kleinen, 1593 im Rom Papst Clemens' VIII. entstandenen Traktat des Jesuiten Possevino, der großen Widerhall fand.[69]
Dieser Hatz auf alles Nackte konnten die Maler schwerlich ihren Beifall zollen, mochten sie auch noch so sehr durch die Prestige verleihenden Aufträge kirchlicher Kunst verdorben sein. Die bekanntesten und erfolgreichsten unter ihnen schlossen sich in eben jenen Jahren zur Künstlergilde S. Luca zusammen. Über die Frage des Nackten in der Kunst diskutierten sie freilich nie, obwohl sie das Problem zweimal als wichtigen Punkt auf die Tagesordnung ihrer Versammlungen setzten. Sie redeten zwar nicht über die Nacktheit, aber sie stellten den nackten Körper weiterhin dar und hielten auch ihre Schüler zu seinem Studium an. In einem 1607 in Turin publizierten Buch konnte selbst der Malerfürst Federico Zuccari, ein erfahrener Segler auf den bewegten Gewässern der römischen Kommittenz, nicht umhin anzumerken, «daß die Form und die Technik der Darstellung des menschlichen Körpers, der unser Hauptgegenstand ist und von uns mit besonderem Fleiß nachgeahmt wird, Grund für die höhere Qualität und den größeren Wert unserer Kunst ist». Für den Maler, fuhr er fort, sei das erste Kleid des Menschen die Haut und das Fleisch, und es könne keine Malerei geben «ohne die Kenntnis des Nackten». In Rom war es freilich besser, solche Ansichten nicht allzu laut zu äußern. Hier lud im Jahre 1598 Durante Alberti, der Malerfürst des Augenblicks, einen Jesuiten ein, um in der St. Lukas-Akademie gegen die lasziven Bilder zu predigen.[70] Es blieb sogar nicht immer bei den Worten. Unter dem Pontifikat Sixtus' V. wurde ein Maler, dessen Bilder der Papst zufällig gesehen und obszön gefunden hatte, mit der Tortur bestraft. Die Bilder wurden auf päpstlichen Befehl verbrannt, und «der Ärmste floh voller Entsetzen mit verkrüppelten Armen nach Neapel».[71]

Auch Caravaggios Mißgeschick mit verschiedenen römischen Kirchen läßt sich aus dem drückenden Klima jener Jahre erklären. Sein Altarbild «Der Hl. Mathäus mit dem Engel» wurde von den Geistlichen der Kirche San Luigi dei Francesi zurückgewiesen, weil, wie Bellori schreibt, «die Figur weder die Würde noch das Aussehen eines Heiligen besaß, da er mit übereinandergeschlagenen Beinen dasitzt und die Füße unmanierlich dem Volk hinstreckt» – eben jene Füße, die Clemens VIII. immer bekleidet sehen wollte (warum, hat Campanella erklärt). Baglione berichtet, daß auch die von Caravaggio für die Kirche S. Maria del Popolo gemalten Bilder vom Auftraggeber, dem päpstlichen Schatzmeister und engen Mitarbeiter Clemens' VIII. Tiberio Cerasi, nicht angenommen wurden. Die beiden Biographen erwähnen außerdem wie auch Mancini, daß kurz nach dem Tode Clemens' VIII. weitere Gemälde Caravaggios für St. Peter und S. Maria della Scala abgelehnt wurden. Grund für die Ablehnung waren stets die von den Auftraggebern als unanständig empfundenen, nackten Füße.[72]

Keines dieser Werke wurde zum Glück zerstört, denn Caravaggio hatte einflußreiche, vermögende Bewunderer wie den zweiten päpstlichen Schatzmeister Marchese Vincenzo Giustiniani, der den Skandal beendete, indem er die abgelehnten Bilder einfach kaufte. Ein Gemälde, das Anstoß erregte, wenn es in einer Kirche hing, konnte also in einer privaten Sammlung Platz finden – aber auch hier nur unter bestimmten Bedingungen. Es galt zu vermeiden, daß es einem Keuschheitsfanatiker unter die Augen kam, der sich zu unbedachten Handlungen hinreißen ließ. Ein solches Mißgeschick stieß dem Marchese Giovanni Michele Paravicino zu. Der spätere Beichtvater Papst Clemens' VIII. Cesare Baronio, damals Präzeptor im Hause Paravicino, verunstaltete dem Marchese einige

Gemälde, indem er die als lasziv befundenen Stellen kurzerhand überpinselte.[73] Unter dem Zwang, ihre Schätze verteidigen zu müssen, klügelten die Kunstfreunde eine eigene Strategie aus, die der als Sammler dilettierende Arzt Giulio Mancini wenige Jahre später auf folgende Weise kommentierte: «Ein frommes Edikt hat verboten, Malereien, die vorher nicht von den Oberen begutachtet worden sind, öffentlich auszustellen.» Aber die fromme Vorschrift galt nach Meinung Mancinis nur für die kirchlichen, nicht auch für die profanen Räume, und auf keinen Fall ergab sich hieraus, daß die abgelehnten Werke zu verbrennen seien. Die Scheiterhaufen Savonarolas in Florenz hatten der Malerei schwersten Schaden zugefügt und durften nicht noch einmal lodern. Die Zeiten des fanatischen Brandstifters lagen zwar schon weit zurück, aber die Nennung seines Namens verwies auf gegenwärtigere Gefahren. Während des Jubeljahres 1600 war in der Tat die Rede davon, daß der Papst die Absicht habe, alle unanständigen Bilder, die in den Kirchen entdeckt würden, verbrennen zu lassen.[74] Mancini ging es darum, solche Bilder zu retten und an geeignetem Ort aufzubewahren. In jedem Patrizierpalast sollte, so schlug er vor, «in den Gartengalerien und in nicht leicht zugänglichen Räumen im Erdgeschoß» ein Platz für die kompromittierenden Bilder reserviert werden; der Hausherr sollte sie verhüllen und «nur manchmal zeigen, wenn er sich mit seiner Gattin oder einer nicht kleinlichen Person dorthin begibt».[75]

Das gegenreformierte Italien machte gute Miene zum bösen Spiel und bewaffnete sich mit der doppelten Moral, um der Priesterherrschaft Widerstand zu leisten. «Trotzdem ist es zuweilen erlaubt, das Kleid zu wechseln, um sich den Jahreszeiten des Glücks anzupassen», schrieb wenige Jahre später Torquato Accetto, um die Dissimulation zu rechtfertigen und sie auch noch als Ehrlichkeit zu bemänteln. Wie der falsche Moralist mit fast jesuitischer Spitzfindigkeit präzisierte, kam es nur darauf an, daß die Absicht, jene mächtige Waffe der Kasuisten, nicht darin bestand, Schaden zuzufügen, sondern Schaden zu vermeiden. Die Metapher der Kleidung war mit Bedacht gewählt, denn um Schaden zu vermeiden, mußte zu allererst die Nacktheit des Körpers verborgen werden. Schon gleich zu Beginn von Accettos mustergültigem Büchlein über die ehrliche Dissimulation steht geschrieben: «Als der erste Mensch die Augen öffnete und sah, daß er nackt war, verbarg er sich auch vor den Augen seines Schöpfers.» Deutlicher konnte es nicht gesagt werden![76]

Die Theologen waren freilich mit krummen Wegen dieser Art nicht einverstanden; Paleotti war in dieser Hinsicht kategorisch. Zwar waren seiner Meinung nach profane Malereien, die nur «zur Ergötzung» gedacht waren, grundsätzlich erlaubt, aber sie durften weder lasziv noch irgendwie schamlos sein; auch sollten diese «ehrbaren Malereien von Fazetien» an «abgelegener Stelle» aufbewahrt werden. Nur Bilder, die der moralischen und religiösen Erbauung dienten, durften öffentlich, gleich ob in kirchlichen oder profanen Räumen, ausgestellt werden. Was die «anstößigen» und «unehrenhaften» Bilder anbelangte, so sollten schon die Maler und Auftraggeber dafür sorgen, daß solche gar nicht erst gemalt oder akzeptiert wurden. Nach dem Vorbild der im Index der verbotenen Bücher enthaltenen Bestimmungen forderte Paleotti, daß «jeder sein Haus einer genauen Prüfung unterziehen ... und alle Bilder, die die ehrfürchtigen Augen Gottes beleidigen könnten, entfernen sollte». Die Jagd auf verbotene Bilder schloß auch eine sorgfältige Prüfung des ganzen Hausrats mit ein, um «Zeichnungen auf den Wedeln, Buchumschläge, Verzierungen an Spiegeln, Dekorationen auf Truhen oder Schränken und vielen anderen Gegenständen», die eventuell Anstoß erregen konnten, aufzustöbern.[77]

Trotz dieser strengen Mahnungen gab es in vielen römischen Palästen diskrete Räume, die eigens dazu dienten, dergleichen laszive Werke aufzunehmen – nicht selten sogar auch in Palästen, in denen Kardinäle residierten. Und wenn der rote Hut des geistlichen Hausherrn breite, feste Ränder hatte, so bot er wohl auch den Künstlern Schutz, die jene Räume füllen sollten. Giuseppe Cesari, der Cavalier d'Arpino, – der Adelstitel, mit dem der Maler sich schmückte, war rein symbolisch, Clemens VIII. hatte ihn nur zum Ritter Christi geschlagen – stand dem Papst stets eifrig zu Diensten, wenn es darum ging, den Primat der römischen Kirche und die Macht ihres Oberhauptes zu verherrlichen; doch obwohl er der Lieblingsmaler des Papstes war, ließ er sich auch mit dessen Neffen ein, dem Kardinal Pietro, der über Frauen ganz anders als sein Onkel dachte. Neben den geistlichen malte der Cavaliere auch profane Sujets, und wahrscheinlich hätte den züchtigen Papst der Schlag gerührt, wenn ihm gewisse mythologisch erotische Werke seines Schützlings unter die Augen gekommen wären. Der Erotismus des Cavalier d'Arpino verdient jedoch Nachsicht, denn er war, der Herkunft des Malers entsprechend, bäuerlich simpel und allenfalls dazu geeignet, die Bombardiere der Engelsburg zu beeindrucken, für die Kardinal Pietro bei ihm eine Hl. Barbara, deren Schutzheilige, bestellte. Die Heilige auf dem Bild ist sinnlich hübsch, aber rundlich wie ein Bauernmädchen und schaut zum Engel auf, der sie mit einem Tuch verhüllt, wobei jedoch eine Brust unbedeckt bleibt (kaum zum Zweck des Stillens). Das Gemälde wurde 1597 in der Kirche Sant'Angelo in Borgo aufgestellt, doch der Papst wurde zur Einweihung nicht eingeladen und erfuhr nichts von der nackten Brust, die sein Neffe und der Cavaliere ungeachtet seiner Verbote so frech zur Schau stellten. Da ein großer Kardinal der Auftraggeber war, stieß das Werk auf keinerlei Protest; später kam es in die Kirche S. Maria in Traspontina, blieb also in nächster Nähe des Vatikans, und erntete auch dort Beifall, bis schließlich irgendein Saubermann die nackte Brust entdeckte, die im 19. Jahrhundert still und ohne weiteres Aufsehen züchtig verhüllt wurde.[78]

Andere Überlegungen galten für die Wandmalereien, die nicht einfach abgehangen oder übertüncht werden konnten. Solche Wandmalereien schmückten gewöhnlich die Repräsentanzräume, die Säle und Gemächer, die den Empfängen dienten, zu denen sich in Rom unweigerlich auch Kirchenfürsten und geistliche Würdenträger jeden Ranges einzustellen pflegten. Der Maler Giovanni Battista Armenini (ein Geistlicher, zwar nicht aus innerer Berufung, sondern weil ihm eine kirchliche Pfründe ein Leben ohne allzu große Not und Mühe ermöglichte) veröffentlichte 1586 einen Traktat mit dem Titel *De' veri precetti della pittura,* der schon 1587 eine zweite Auflage erfuhr. Hierin behandelte er auch das heikle Thema der Freskenmalerei in den Palästen. Seiner Auffassung nach sollten die Themen für diese Art von Malereien der klassischen Mythologie entnommen werden und vor allem die Liebschaften der Götter zum Inhalt haben. In den Palästen und Gärten der angesehenen Leute, meinte er, sollten die für solche Räume bestens geeigneten mythischen Götter «auf die gleiche Weise dargestellt werden, wie sie bei Ovid und in ähnlichen heidnischen Gedichten beschrieben werden». Als Beispiele führte er die Fresken im Palazzo del Te in Mantua und Raffaels Fresken in der Farnesina in Rom an. Gian Paolo Lomazzo, ein Maler und Kunsttheoretiker, der wie Armenini aus Norditalien stammte, war zwar kein Geistlicher, aber von den Karfreitagsregeln Paleottis scheint er irgendwie gewußt zu haben. In seinem *Trattato della pittura, scoltura et architettura,* den er 1584 veröffentlichte, war er sehr vorsichtig; es sollte darauf geachtet werden, schrieb er, daß die Schamteile stets bedeckt waren. Aber er ging nicht so weit, erotische Sujets überhaupt aus den Palästen zu verbannen; man sollte nur jede Unschicklichkeit vermeiden: «Es ist eine solch schöne Kunst, eine zarte Geste vor oder nach der Sache oder die Sache selbst darzustellen, oder, noch mehr, etwas anderes, aufs neue Wünschenswerte zu beobachten, wovon die Ergötzung abhängt.»[79]

Diese toleranten, wenn auch zur Vorsicht mahnenden Ratschläge traute sich in Rom allerdings niemand zu befolgen. Das moralische Klima, das Clemens VIII. in der Stadt durchgesetzt hatte, zwang zu größter Strenge bei der Wahl und Ausführung der Sujets. Während seines Pontifikats wurden in Rom verschiedene Paläste mit Fresken ausgestattet, wobei die Sorge, sich seinem moralischen Diktat anzupassen, offenkundig ist. Biblische Sujets wurden große Mode, und wenn doch einmal die klassische Mythologie zum Thema gewählt wurde, so blieb die Darstellung des nackten Körpers stets innerhalb der Grenzen geschlechtsloser Keuschheit.

Der Marchese Asdrubale Mattei, einer der bekanntesten Vertreter der «schwarzen» Aristokratie, wählte zur Freskierung seines Palastes die biblische Josephsgeschichte und lieferte der von ihm beauftragten Malergruppe ein detailliertes, in allen Einzelheiten verbindliches Programm. Der Vertrag verpflichtete die Maler, «die Kartons so oft zu malen, wiederzumalen und zu verbessern, bis sie zu meiner Zufriedenheit ausfallen». Und nicht nur die Kartons, sondern auch die fertigen Arbeiten bedurften seiner Billigung. Da eine der Malereien ihn «nicht sehr befriedigte», drohte er kurzerhand mit ihrer Zerstörung. Die ständige Aufsicht des Kommittenten trug ihre Früchte. Die Fresken scheinen unter der direkten Kontrolle Paleottis gemalt, so passiv befolgen sie die gegenreformatorischen Vorschriften; statt in einen Adelspalast hätten sie ebenso gut in eine Kirche gepaßt.[80]

An die gleichen Kriterien konformistischer Vorsicht hielten sich auch Persönlichkeiten von ganz anderem intellektuellem Niveau und moralischer Vorurteilslosigkeit. Der Marchese Vincenzo Giustiniani, ein Kenner von erlesenem Geschmack und Kunstsammler, der allen Neuheiten gegenüber aufgeschlossen war, kaufte zwar Caravaggios von der Kirche San Luigi dei Francesi abgelehnten «Hl. Mathäus», aber das Gewölbe der Galerie, in welcher sich seine berühmte Kunstsammlung befand, ließ er mit den Geschichten Salomons ausmalen.[81] Größere Freiheit erlaubte sich der Marchese bei der Wahl des Themas für die Fresken in seinem Palast in Bassano di Sutri, wo er die Geschichte von Amor und Psyche darstellen ließ. Aber Bassano di Sutri lag 50 km von Rom entfernt, und Clemens VIII. war damals schon nicht mehr am Leben.[82] Auch Federico Zuccari wollte kein Wagnis eingehen, als er sein eigenes Haus in Rom, in dem auch die ihm so sehr am Herzen liegende «Accademia del disegno» Aufnahme finden sollte, mit Fresken ausschmückte. Er wählte allegorische und mythologische Sujets, verzichtete bei der Darstellung zwar nicht völlig auf nackte Körper, umgab diese jedoch mehr oder weniger eng mit Stoffen und vermied jede erotische Anspielung. Nur auf dem Fresko in der «Sala degli sposi» war er etwas kühner, offenbar weil diesen Raum kein Geistlicher betreten sollte.[83] Den strengen Regeln einer gewissenhaften Selbstzensur entzog sich sogar der uns schon bekannte, spitzzüngige Kardinal Del Monte nicht, einer der Gönner Caravaggios, obwohl ihm der Schutz des Großherzogs von Toskana gewiß war. Im Casino an der Porta Pinciana, in das er sich gerne zurückzog, um alchimistische Experimente anzustellen, ließ er in Öl allegorische Szenen mit alchimistischer Tendenz darstellen, die möglicherweise Caravaggio zuzuschreiben sind. Der private Charakter der Räume ermutigte den Kardinal, sich auf die gefährlichen Gewässer der Darstellung des Nackten hinauszuwagen, aber er versorgte sich dabei mit viel Stoff, von dem auch reichlich Gebrauch gemacht wurde.[84]

Nacktheit als Erniedrigung.

Vom römischen Karneval und dem Widerstreit zwischen Leib und Seele

Nicht immer war es indessen verboten, den nackten Körper öffentlich zur Schau zu stellen; bei manchen Gelegenheiten war dies sogar gefordert und als Strafe auferlegt. Eine der Hauptattraktionen des römischen Karnevals waren jahrhundertelang die Wettrennen zu Fuß und zu Pferd, deren Regeln schon in den römischen Statuten von 1469 festgelegt worden waren. Bereits hier steht geschrieben, daß das erste Rennen auf Wunsch des Heiligen Vaters von den Juden gelaufen werden sollte. Doch im Unterschied zu den anderen Teilnehmern waren die Juden dabei fast ganz nackt und natürlich zu Fuß. Welche Bedeutung ihrer Nacktheit zugeschrieben wurde, geht aus dem Kommentar eines urbinatischen Informanten zum Karneval des Jahres 1599 hervor. Der Wettlauf der Juden hatte vor einigen Tagen den Auftakt des Karnevals gebildet, jetzt blieb nur noch das Viehrennen übrig, «obwohl jene, die laufen, größeres Vieh, wenn auch in Menschengestalt, sind, denn sie zeigen sich *publice et palam* nackt». Die Nacktheit war als Strafe für die Feinde Christi gedacht und wurde auf diese Weise zum Element der Erniedrigung und Gegenstand des Spotts. Die erzwungene Bloßstellung des schutzlosen Körpers forderte in der Tat ganz automatisch die Zuschauer dazu heraus, die Läufer mit Eiern, faulem Gemüse, Wasser, Schlamm und Schnee zu bewerfen. Dieses Vergnügen reizte den Pöbel oft derart auf, daß es zu «verrücktem Schabernack» kam. Clemens VIII. als Büßer haßte den Karneval und versuchte dessen Auswüchse einzudämmen. Vor allem die Masken waren ihm ein Anstoß, aber in seinen zahlreichen diesbezüglichen Edikten verbot er auch wiederholt das Bewerfen mit Eiern und Obst. Von der Nacktheit der Juden war in diesen Erlassen jedoch nie die Rede, und gar nicht kümmerte es den Papst, daß das Rennen mitten im Winter stattfand, wenn Kälte, Schnee und Regen den nackten Läufern zusätzlich zu schaffen machten. An die Juden erinnerte sich Clemens VIII. nur während des Karnevals von 1595, als ihm klar wurde, daß er durch die Exzesse der Judenfeindlichkeit, die er 1592 selbst ausgelöst hatte, das Gesicht verlor.[85] Eines der Karnevalsvergnügen bestand nämlich darin, Jagd auf die Juden zu machen, und die Entschuldigung, daß es sich ja nur um Karnevalsscherze handle, nahm diesen Vorfällen nichts von ihrer Gefährlichkeit. Am 27. Januar 1595 ließ der Papst ein Edikt anschlagen, in dem verboten wurde, die Juden zu belästigen, sie «zu verspotten, zu berühren oder in irgendeiner Weise durch Worte oder Taten zu beleidigen». Am 14. Februar des folgenden Jahres wurde der Erlaß mit der Klarstellung wiederholt, daß es untersagt sei, «Juden und Jüdinnen zu beleidigen, sie mit Abfällen zu bewerfen, ihnen die Mütze oder andres, was sie tragen, abzureißen oder ihnen überhaupt persönliche Beleidigungen zuzufügen». Aber die alte antisemitische List, erst den Stein zu werfen und dann die Hand zu verstekken, nützte den Juden nicht viel. Sie liefen weiterhin nackt um die Wette und provozierten die Aggressionen, welche die päpstlichen Erlasse erfolglos untersagten. Von der Nacktheit der Läufer war in diesen Erlassen nicht die Rede, und das Volk sah auch nicht ein, warum nur die

Läufer und nicht auch die anderen Juden, die ihnen während des Karnevals über den Weg liefen, verachtenswert und Gegenstand seiner Angriffe sein sollten.[86]

Wie alle anderen Edikte, die Verbote aufstellten, drohten auch die Karnevalsedikte neben Geldstrafen die rituellen öffentlichen drei Seilzüge an, eine Strafe, mit der eine weitere Form schmählicher Nacktheit verbunden war. Denn wie Prospero Farinacci, der berühmte römische Strafrechtsgelehrte, in seinem Traktat vorschrieb, sollte der Schuldige entkleidet werden, bevor man ihn an das Seil hängte. Daß man auf diese Weise verfuhr, bestätigt auch eine Illustration in einer der bekanntesten, zeitgenössischen Abhandlungen über die Seilstrafe. Wurde

Seilstrafe, 1655

diese Folter nicht in der Öffentlichkeit, sondern im Kerker vollzogen, dann war der Delinquent dabei völlig nackt. Dort wo die römische Via della Frezza in den Corso einmündet, befand sich noch im 19. Jahrhundert die «Piazzetta della Corda», auf der die Unvorsichtigen, die den päpstlichen Edikten getrotzt hatten, sich der grausamen Seilstrafe unterziehen mußten.[87]

Der Vollzug der Strafe fand oft «vor aller Augen» statt. Während des Karnevals von 1595 sollte ein französischer Kutscher die Tortur erleiden, doch da er Widerstand leistete, zerrten ihn die Sbirren «an den Genitalien» zum Seil.[88] Zu diesem schmerzlichen Handschellenersatz scheint man damals gerne gegriffen zu haben, denn auch der Angeklagte, der im August 1604 in den Farnese-Palast zu flüchten suchte, wurde von den Bütteln «an den Hoden» gepackt.[89] Diese brutale Prozedur war ein neuerlicher Gewaltakt gegen den Körper und hob dessen engen Zusammenhang mit der Sexualität hervor. Das erniedrigende Ritual der Entblößung wurde auch bei einem höchst dramatischen Ereignis zelebriert: Giordano Bruno wurde entkleidet, bevor er auf Befehl des Hl. Uffiz den reinigenden Flammen des Scheiterhaufens übergeben wurde. In den Registern der Erzbruderschaft San Giovanni decollato wird unter dem Datum 16. Februar 1600 verzeichnet, daß der Philosoph «zum Campo dei Fiori geführt, nackt ausgezogen und, an einen Pfahl gebunden, bei lebendigem Leib verbrannt wurde». Der Papst wohnte diesem Schauspiel nicht bei. Er hatte jedoch zuvor an vielen Sitzungen des Hl. Uffiz teilgenommen und am 20. Januar 1600 persönlich das Todesurteil gefällt.[90]

Die christlichen Anschauungen über den Körper, die in diesen Dokumenten zum Ausdruck kommen, inspirierten auch ein denkwürdiges musikalisches Schauspiel, das im Februar 1600, also im gleichen Monat der Verbrennung Brunos, im römischen Oratorium S. Maria di Vallicella vor einem gedrängten Publikum von Prälaten und Kardinälen seine Uraufführung erlebte. Es handelte sich um die *Rappresentazione di anima e di corpo* mit der Musik von Emilio de' Cavalieri nach einem Libretto des Philippiners Agostino Manni. «Was haltet ihr von diesem unseren Erdenleben, das die Menschen so sehr schätzen?», fragt gleich zu Beginn die Seele und erhält zur Antwort: «Es ist ein schönes Kleid, das die Gebrechen des siechen Leibs verdeckt.» Das Thema, daß der entblößte Körper unweigerlich seine «entstellte Schönheit» zeige, durchzieht das ganze Stück mit geradezu zwanghafter Insistenz. Die Zielscheibe ist natürlich die «Fleischeslust» in ihrem Zusammenhang mit der uns schon bekannten «Augenlust», das heißt jener unbezwingbare Lebenstrieb, der in der Antike Eros genannt wurde. «Der Leib mit seinen Sinnen», befand der geistliche Librettist, «verleitet die Seele ständig dazu, den Schmutz zu lieben.»[91]

Der Körper durfte in seiner Nacktheit nur dann dargestellt werden, wenn er diese Anschauungen bestätigte. Paleotti verabscheute alles Nackte wie den Teufel, der, wie er meinte, die Künstler dazu anstachele, den nackten Körper abzubilden. Er gab ihnen aber den Rat, zum Zwecke der Erbauung «die grausamen Qualen der Heiligen . . ., die Räder und Rasiermesser, die Scheiterhaufen und Feuerhütten und die Roste und Folterbänke und unendlich viele andere Folterqualen» darzustellen, und zwar in allen Einzelheiten. Er schauderte zwar bei der Vorstellung einer Madonna «mit rosigem, glattem, rundem und geradezu sinnlichem Gesicht», schreckte aber nicht davor zurück, die Darstellung von «Justizhandlungen gegenüber verruchten Verbrechern und frevelhaften, verbohrten Ketzern, die zum Scheiterhaufen verurteilt sind», wärmstens zu empfehlen.[92]

Doch der zur Tür hinausgejagte Teufel schlüpft

manchmal durch die Hinterpforte wieder ins Haus. Der Krankenapostel Camillo de Lellis, der sein Leben heiligte, indem er in den Spitälern Arme und Kranke pflegte, fühlte sich von der Nacktheit geradezu verfolgt. Cicatelli, der Verfasser seiner Vita, erzählt, daß der Heilige stets darauf bedacht war, daß ihn seine Pfleglinge kein entblößtes Körperteil sehen ließen. Doch Camillo de Lellis war vom Körper – freilich dem erniedrigten, schmutzigen, kranken und leidenden Körper – unwiderstehlich angezogen. Als er eines Tages einen Armen voller Wunden und Läuse sah, «wusch er ihn mit eigenen Händen von Kopf bis Fuß und küßte und trocknete sanft den Leib dieses Unglücklichen». Diese Liebe zum erniedrigten und kranken Körper konnte indessen eine Gefahr für das Seelenheil darstellen. In einem Brief vom 8. Mai 1593 sprach der Heilige die Empfehlung aus, daß «wir alle, angefangen von den Kranken, mit Leinenhosen und Hemd bedeckt schlafen, denn ich bedachte in diesen Tagen, daß junge Leute mit frischer Welterfahrung und der schändlichen Neidung zum Fleisch zu uns kommen, die große Gefahr laufen zu stürzen, da sie frisch im Geist sind...». Wenn sich einer dieser jungen Leute, die sich seinem Orden anschlossen, eine kleine Ablenkung gönnte, wurde er sofort dafür aufs härteste bestraft. Ein Mitbruder, der in einer der seltenen Ausspannungspausen den Dudelsack gespielt hatte, wurde auf Anweisung des Heiligen vor allen anderen nackt ausgezogen und zur Selbstgeißelung genötigt.[93]

Die Revanche des Körpers.

Vom vergeblichen Kampf Clemens' VIII. gegen die Begierden seines Leibes

Clemens VIII. teilte den Abscheu vor dem Körper aus innerster Überzeugung und bemühte sich eifrig darum, den eigenen Leib den christlichen Anforderungen anzupassen, um dem Kirchenvolk ein Vorbild zu geben. Er gab sich deshalb einen Anstrich von Schwachheit, Leiden und Krankheit. Alle Augenzeugen berichten, daß er, sobald sich ein Anlaß bot, bittere Tränen vergoß. Ein höchst erbauliches Schauspiel von der Abtötung des Fleisches gab er bei bestimmten liturgischen Anlässen. Bei Prozessionen ging er lange Strecken zu Fuß und trug dabei häufig selbst die Monstranz oder schwere Kreuze. Seine Fasten waren berühmt und ebenso allbekannt seine Krankheiten, die ihn oft ans Bett fesselten. Doch sein Körper gehorchte ihm nicht so widerspruchslos, wie er es von ihm verlangte. Trotz der häufigen Kasteiungen hielt er darauf, «bei starker und kräftiger Konstitution» zu bleiben und «fleischig und fett» auszusehen. Es gelang ihm nicht, seine starken Begierden gänzlich zu unterdrücken, und so wurde auch er zum Sünder. Seine größte Schwäche war die Freßlust, denn die Krankheiten, an denen er litt – vor allem die Gicht, die ihm viel zu schaffen machte –, hingen alle mit seiner Ernährung zusammen. Nach moderner medizinischer Erkenntnis sind zwar üppige, mit reichlich Wein begossene Mahlzeiten nicht für diese Krankheit verantwortlich, aber sie lösen schmerzliche Gichtanfälle aus, und an solchen litt der Papst häufig. Ein zwar indiskreter, aber bestens informierter toskanischer Berichterstatter meldete im Dezember 1599 nach Florenz, daß Clemens VIII. während einem dieser Anfälle «gierig einen Barsch verschlang und viele Gläschen seines feurigen Weines dazu trank, was das Leiden, das zurückgegangen war, wieder verschlimmert hat». Wenn der Papst wie Baronio und Bellarmino gefastet hätte (schon der Hl. Hieronymus wußte, daß das Fasten das einzige wirksame Heilmittel gegen die Gicht war), dann hätte ihn diese Krankheit sicher weniger geplagt. Askese übte Clemens VIII. nur am Karfreitag und den anderen kirchlichen Feiertagen, an denen sie geboten war. Doch wenn der liturgische Kalender es erlaubte, «tafelte er üppig» und ergab sich wie alle anderen Mächtigen der Erde hemmungslos den Gaumenfreuden. Der Wunsch, mit einem reinen und tugendhaften Leben der Welt ein Vorbild zu geben, wich dann der Gefräßigkeit. Auch Kardinal Del Monte schrieb dem Großherzog, daß der Papst Leckereien keineswegs verachte und «runde Weine und französische Klaretts» trinke; Chiantiweine waren ihm höchstens für den Sommer gut genug. Der Papst und sein Neffe sorgten sich sehr um diese französischen Klaretts, denn sie waren in Rom nicht leicht zu beschaffen, und wetteiferten miteinander, um sich gegenseitig aus den eigenen Vorräten zu beschenken. Dabei trug Kardinal Pietro mühelos den Sieg davon, als er Ende 1600 als Legat nach Frankreich ging. Auf der Rückreise schickte er ein ganzes Schiff mit dem begehrten hellen Rotwein voraus, von dem zwölf Fässer für den Onkel bestimmt waren. Sein Majordom Girolamo Agucchi kündigte dies dem Papst freudig an, aber dieser wehrte ab: Es seien zu viele, meinte er, doch als er hörte, daß sein Neffe in Avignon eine Kostprobe von diesem Wein genommen hatte, gab er den Widerstand auf.

Auch Delikatessen aus Parma, die damals schon berühmt waren, verschmähte Clemens VIII. nicht. Als Herzogin Margherita ihren Verwandten in Rom eine Maultierkarawane mit Käse und Würsten schickte, erhielt der Papst bei der Verteilung den Löwenanteil. Um ihm die ausgewählten Stücke in den Vatikan zu bringen, waren vierundzwanzig Lastenträger nötig. Fasten und Fußmärsche waren, wie die aufgeklärtesten Beobachter glaubten, die einzigen wirksamen Heilmittel gegen derart schädliche Eßgewohnheiten. Aber die Versuchung zur Prasserei blieb immer mächtig, und ein entgegenkommender Arzt riet dem Papst sogar, gegen den deprimierenden Effekt des Fastens, «den Darm mit guten Speisen und besten Weinen zu füllen». Wenn Clemens VIII. aus Gründen des Protokolls an einem Festmahl nicht teilnehmen konnte, ließ er es sich eingehend beschreiben. Als Kardinal Pietro an einem Sonntag ein typisches «Nepotenbankett» gab, wollte er «jede Einzelheit davon wissen, nicht nur, was man tut und sagt, sondern auch die Speisen und die Weine, und äußert großen Geschmack daran».

Der Leib des Papstes ließ sich nicht so einfach bändigen, er setzte der Seele, die ihn bedrängte, erbitterten Widerstand entgegen. Insgeheim pochte er auf seine Rechte und behauptete sich gegenüber dem Gewissen als ein kostbares Gut von unverletzlicher Schönheit, das dem menschlichen Auge und seinem Blick allerdings entzogen bleiben mußte. In einem anonymen Bericht aus dem Jahr 1600 wird erzählt, daß Clemens VIII. sich selbst vor seinen Leibdienern sehr schamhaft gebärdete, wenn er ausgezogen wurde. Der Papst stellte also keine Ausnahme dar, auch sein Körper unterlag dem Verbot, das jede Entblößung untersagte. Aber dieses Verbot betraf nur den erotisierten Körper als Objekt des Begehrens, nicht den entwürdigten oder kranken Körper, dem Gewalt angetan oder Mitleid entgegengebracht wurde. Der Papst verbarg folglich seinen Körper, weil er ihn erotisiert und zum Objekt der Liebe – das heißt der eigenen Liebe – erwählt hatte.[94]

Leib und Seele kämpften natürlich auch in den Kunstwerken miteinander, die Clemens VIII. in Auftrag gab oder die unter seiner Aufsicht ausgeführt wurden. Doch erstaunlicherweise ging in einem Fall – es handelte sich um die Kapelle der Aldobrandini in Santa Maria sopra Minerva, die den Papst privat und persönlich interessierte – der Leib als Sieger in diesem Kampf hervor. 1587 hatte Clemens VIII., damals noch Kardinal Ippolito Aldobrandini, das Patronatsrecht über eine Kapelle in dieser Kirche erworben, wo in einer mit Büste und Inschrift ausgestatteten Nische seine Mutter Lesa Deti und drei seiner Brüder ihre letzte Ruhestätte gefunden hatten. Erst im April 1600 hören wir erneut von der Kapelle, als Clemens VIII., nunmehr seit acht Jahren Papst, beschloß, ihre Dekoration von Grund auf zu erneuern. Mit der Planung und Ausführung der Arbeiten beauftragte er den Architekten seines Vertrauens Giacomo Della Porta, dem er verschiedene Bildhauer und mindestens zwei Maler beigesellte. Seine Absicht war, eine Familienkapelle zu schaffen, die wie die Paläste und Villen, die Della Porta gleichzeitig in Rom und Frascati baute, dem neuen gesellschaftlichen Rang der Aldobrandini entsprechen sollte. Die Kapelle sollte den gesellschaftlichen Aufstieg besiegeln und die gegenwärtige Stellung der Familie in die Vergangenheit projizieren, die, wenn sie schon nicht glorreich war, doch wenigstens tugendhaft erscheinen sollte. Della Porta nahm die Grabmäler von Ascanio Sforza und Gerolamo Basso Della Rovere in Santa Maria del Popolo zum Vorbild, die Andrea Sansovino Anfang des 16. Jahrhunderts geschaffen hatte.

Clemens VIII. begab sich im März 1604, als er den

Vatikanpalast verließ, um die Arbeiten in Santa Maria sopra Minerva zu kontrollieren, auch nach Santa Maria del Popolo. Bei dieser Gelegenheit stattete er dem Atelier des Bildhauers Nicolas Cordier einen Besuch ab. Er wollte wohl persönlich überprüfen, ob die Künstler sich an die Vorbilder hielten, die er wahrscheinlich selbst ausgesucht hatte. In Santa Maria del Popolo stehen in den Nischen zu Seiten der Grabmäler zwei Frauen. Auch in der Kapelle der Aldobrandini wachen Frauen – zwei auf jedem der beiden Hauptgrabmäler – über die Reputation der Familie zur Gewähr für deren Tugenden. Sie stellen die Nächstenliebe («Carità»), die Religion («Religione»), die Gerechtigkeit («Giustizia») und die Besonnenheit («Prudenza») dar. Eine dieser vier Frauen, die «Besonnenheit», tritt rechts neben dem Grabmal Silvestro Aldobrandinis aus der Nische hervor und erregt unmittelbar die Aufmerksamkeit des Betrachters, freilich nicht wegen der Tugend, die sie repräsentieren soll (Abb. 3). Der Bildhauer Ippolito Buzzio, der sie schuf, kennzeichnet die «Besonnenheit» in Übereinstimmung mit einer alten ikonographischen Tradition durch einen kleinen Spiegel. Dies war aber nur eine schwache Sehhilfe, denn der Hinweis ist chiffriert, und nur wenige Gebildete besaßen den Schlüssel zum Verständnis. Die «Besonnenheit» tritt dem Betrachter vor allem als eine schöne Frau entgegen, die in den Spiegel blickt, um ihre Anziehungskraft zu prüfen. Der vorschnellende, biegsame Körper, die geschwellte, nackte Brust, das dichte, mit einem Diadem geschmückte Haar, das wie zuckende kleine Schlangen über die Schultern fällt, unterstreichen den unverstellten, kraftvollen erotischen Elan, den die Statue ausstrahlt. Der ahnungslose Betrachter kann sich schwerlich vorstellen, daß die schöne junge Frau die «Besonnenheit» von Silvestro Aldobrandini darstellen soll, auf dessen Bücher sie den Fuß setzt. Die Diskrepanz

Die «Besonnenheit» von I. Buzzio in der Kirche S. Maria Sopra Minerva

zwischen der allegorischen Bedeutung und der äußeren Erscheinung der Statue hat auch die Kritik meistens außer acht gelassen. Sylvie Pressouyre zum Beispiel interessierte sich in ihrer Studie vor allem für die kokette Haltung der Statue und deren Abhängigkeit von der antiken Plastik. Für den Künstler war die «Besonnenheit» in der Tat nur ein Vorwand, der es ihm erlaubte, auch in einer Kirche liebevoll den weiblichen Körper mit seinen Versuchungskünsten darzustellen – was in diesem Fall erstaunlicherweise sogar vom Papst, der die Statue in Auftrag gab, nicht beanstandet wurde.

Das direkte Vorbild für die «Besonnenheit» in der Aldobrandini-Kapelle ist die Statue der «Mäßigkeit» auf dem Grabmal des Kardinals Basso Della Rovere in Santa Maria del Popolo. Dort hat die Frau eine Sanduhr in der Hand, aber ihre Brust ist ebenso entblößt wie die der «Besonnenheit», ein Detail, das dem prüfenden Auge Clemens' VIII. schwerlich entgangen sein dürfte, als er 1594 die Kirche einer Visitation unterzog. Damals ließ er mit der gewohnten eifernden Strenge auf einer Säule den Namen einer Kurtisane auslöschen («Martuccia»), die der Kirche ein Legat vermacht hatte, und auch die Inschrift entfernen, die an Vannozza Cattanei, die Konkubine Rodrigo Borgias (des späteren Papst Alexanders VI.) und Mutter seiner vier Kinder, erinnerte. Er beschlagnahmte außerdem drei Schachteln Konfekt und anderes süßes Gebäck, das er im Zimmer des Priors fand – die «Mäßigkeit» beanstandete er indessen nicht. Genauso wenig verzog er die Miene, als er die «Besonnenheit» sah, obwohl sie die «Mäßigkeit» an Gewagtheit bei weitem übertraf. Zweifellos hatte Clemens VIII., wie er es auch in anderen Fällen tat (es sei nur an das Gemälde Baroccis erinnert), von Buzzio eine Vorzeichnung verlangt und diese gutgeheißen. Er muß die Statue auch mehrmals während ihrer Entstehung gesehen haben, denn er überwachte sorgfältig die Arbeiten in der Kapelle, die er, wie auch die Werkstätten der Künstler, die an den Arbeiten beteiligt waren (gesichert ist der Besuch von zwei Bildhauerwerkstätten), verschiedentlich persönlich inspizierte. Während einer dieser Inspektionen im August 1604 beschloß er wichtige Änderungen und ließ folglich am 10. September eine Liste mit dem Schätzwert aller Statuen aufstellen. Hier ist auch die «Besonnenheit» aufgeführt, die zu jenem Zeitpunkt schon in ihrer Nische stand. Clemens VIII. scheint sie voll gebilligt zu haben; zwei andere Statuen, die ihm nicht gefielen – St. Peter und St. Paul von Mariani – ließ er nämlich kurzerhand von Cordier neugestalten. Aber nicht nur das: Die «Besonnenheit» muß ihm ganz besonders gefallen haben, denn er beauftragte nach ihrer Besichtigung Buzzio, seine eigene Statue zu schaffen, obwohl er bei Cordier bereits eine Büste bestellt hatte, von der auch schon ein erster Entwurf fertig war.

Zusammen mit den Skulpturen für die Familienkapelle bestellte Clemens VIII. um die gleiche Zeit bei Stefano Maderno eine zweite «Besonnenheit» für das Grab des Kardinals Michele Bonelli, das sich ebenfalls in Santa Maria sopra Minerva befand. Auch diese weibliche Figur schaut in den Spiegel, aber ihr Ausdruck ist melancholisch versonnen, kein schelmisches Lächeln spielt um ihren Mund. Das hochgeschlossene Kleid läßt nur die Unterarme frei; das Haar ist glatt und kurz, von verführerischer Erotik keine Spur. Die rechte Hand stützt diese «Besonnenheit» auf einen Totenschädel. Zum Grabmal eines Kardinals paßt sie bestens. Obwohl Clemens VIII. eine wahre Leidenschaft für Totenschädel hegte – alle seine Räume waren voll davon, und ständig ließ er neue malen und meißeln – überließ er diesmal doch dem verstorbenen Kardinal die Frau mit dem Schädel und behielt sich selbst die Frau vor, die in der Hand statt des Schädels eine zuckende, zusammengeringelte Schlange hält, das beredte, von der Hl. Schrift beglaubigte Symbol der weiblichen Verführungskunst. Sie gehörte zu ihm, denn auch Clemens VIII. wollte in der Familienkapelle gegenwärtig sein, und zwar mit der eigenen Statue, die er Buzzio in Auftrag gab. Da steht er denn nun auch heute noch ein bißchen verschämt, in einer Nische halb verborgen, der «Besonnenheit» gegenüber. Die rechte Hand ist zur Segensgeste erhoben, die Linke faßt den Zipfel des Chormantels; die Tiara, das Symbol der päpstlichen Macht, der die Aldobrandini alles verdankten,

Papst Clemens VIII., von I. Buzzio in der Kirche S. Maria Sopra Minerva

liegt auf dem Boden. Der Papst, dessen mild bescheidener Ausdruck nichts von der zornigen Strenge und Härte ahnen läßt, von der die Zeitgenossen berichten, hat die Waffen gestreckt.

Außer der «Besonnenheit» wacht über dem Grab von Silvestro Aldobrandini eine zweite Statue, die mit Schwert, Helm und Panzer gekennzeichnete «Gerechtigkeit», die daran erinnert, daß unter dem Pontifikat Clemens' VIII. und in dessen Namen viele Köpfe unter der Hand des Henkers fielen und viele Leiber gemartert, verbrannt und erdrosselt wurden. Clemens VIII.

wünschte den Tod der anderen, nicht aber den eigenen, den er im Jahre 1604 nahe glaubte. Im März hatte er einen Fieberanfall, und damals sagte er zu seinem Zwerg, der ihm vom König von Polen geschenkt worden war, daß er den Tod kommen fühle. Als ihn wenige Tage später erneut das Fieber ergriff, zeigte er allen gegenüber große Furcht vor dem Sterben. Doch erholte er sich wieder und gab ein paar Monate später neue Anweisungen für die Kapelle, wo jetzt nicht mehr der Bruder und Kardinal, sondern die Mutter den Ehrenplatz gegenüber dem Vater einnehmen sollte. Am 17. Januar 1605 wurde er zum letzten Mal in Santa Maria sopra Minerva gesehen, wo er außer der Kapelle auch das Grab seiner Mutter besuchte, «das sich seit altersher dort befand». Vor diesem meditierte und weinte er eine gute Stunde lang; sechs Wochen später starb er.

Der Kunsthistoriker Adolfo Venturi beschrieb die «Besonnenheit» in der Aldobrandini-Kapelle als «eine elegante Kurtisane ..., die sich kokett im Spiegel betrachtet». Den gleichen Eindruck muß sie auch auf Clemens VIII. gemacht haben, der, wenn er auch die Kurtisanen sein Leben lang verfolgt hatte, doch wenigstens im Tod eine von ihnen bei sich haben wollte.[95]

Der Kardinal Farnese.

Warum ein Fürstensohn Kardinal wurde

Kardinal Odoardo wohnte seit Kindertagen im Farnesepalast in Rom, schon 1580, als er noch keine sieben Jahre alt war, befand er sich dort.[96] Seine Mutter Maria von Portugal war am 7. Juli 1577 in Parma gestorben. Im gleichen Jahr verlor er, wenn auch auf andere Weise, den Vater. Alessandro Farnese, der Sohn Ottavios, wurde im Dezember 1577 von seinem Onkel Philipp II. von Spanien in die Niederlande gerufen, um die abgefallenen nördlichen Provinzen für den König und den katholischen Glauben zurückzuerobern. Von seinem Vater, den er nicht wiedersehen sollte, da Alessandro aufgrund der schwierigen politisch-militärischen Lage auch nach der Besteigung des herzoglichen Throns in Parma in Flandern bleiben mußte,[97] wurde Odoardo nach Rom geschickt, wo ihn sein Onkel auf die kirchliche Laufbahn vorbereiten sollte. Odoardo war als drittes Kind Herzog Alessandros nach Margherita und Ranuccio am 8. Dezember 1573 in Parma zur Welt gekommen. Diese Stellung als jüngster Sohn wurde für sein Geschick ausschlaggebend.[98]

In einer Zeit, als die generell kurze Dauer des menschlichen Lebens noch eine ständige Sorge darstellte, erforderte das von jeder Dynastie angstvoll verfolgte Ziel, die Kontinuität der Familie zu sichern, die Bereitstellung eines jüngeren Sohnes, der im Falle eines erbenlosen Todes des Erstgeborenen sofort dessen Platz einnehmen konnte. So erzählt denn auch der Jesuit Famiano Strada, der offizielle Panegyriker von Herzog Alessandros Ruhmestaten, daß die Mutter nach der Geburt Ranuccios, erste Gewähr für die Erbfolge, «beschloß, Gott zur größeren Stärkung der Familie um einen weiteren Sohn zu bitten».[99] Die beste Versorgung für die jüngeren Söhne der italienischen Fürstenfamilien war bekanntlich ein Sitz im Kardinalskollegium. Er erlaubte es, die Hauptkosten der Wartestellung auf die Kirche mit ihren immensen Einkünften abzuwälzen und zugleich die Anwartschaft auf den Thron Petri anzumelden. Im Falle von Ferdinando de' Medici, der 1588 dann allerdings den Kardinalshut mit der großherzoglichen Krone von Florenz vertauschte, hatte eine solche Kandidatur durchaus Aussicht auf Erfolg, denn es hatten bereits zwei Medici-Päpste geherrscht, und 1605 wurde zur Bestätigung derartiger Erwartungen ein dritter Angehöriger des Hauses Medici – Leo XI. – zum Papst gewählt.

Die Farnese stammten aus dem nördlichen Latium, wo sie immer noch einen regelrechten Staat besaßen, das Herzogtum Castro und Ronciglione, zu dem sich andere verstreute Besitztümer sowie Paläste, Villen und Gärten in und um Rom gesellten. Aus der Mitgift von Margarete von Österreich, der Tochter Kaiser Karls V. und Gemahlin Herzog Ottavios, waren den Farnese außerdem Städte und Burgen in den Abruzzen zugeflossen. Beide Staaten der Farnese – Parma wie auch Castro – waren Lehen der Kirche, was eine kontinuierliche und einflußreiche Wahrnehmung der Familieninteressen am päpstlichen Hof in Rom erforderlich machte. Ein ständiger Sitz im Kardinalskollegium war deshalb für die Geschicke der Familie unabdingbar. In Übereinstimmung mit ihrer traditionellen moralischen Vorurteilslosigkeit und religiösen Laschheit verlangten die Farnese vom Anwärter auf das Priestertum und die Kardinalswürde keinerlei religiöse Berufung. Es genügte, daß er, wie Guicciardini es

Paul III. gegenüber ausdrückte, «mit literarischer Kultur und dem Anschein guter Sitten geschmückt» war.[100] Deshalb wurde mit der Erziehung Odoardos der Antiquar Fulvio Orsini, ein treuer Höfling der Kardinäle Ranuccio und Alessandro und eifriger Hüter des römischen Palastes und seiner Sammlungen, betraut. Orsinis Meinung nach hatte es Don Duarte (so wurde Odoardo zu Ehren seines portugiesischen Großvaters genannt) nicht nötig, Theologie zu studieren, wohl aber Latein zu lernen. «Um sich seinem Blute würdig zu erweisen», sollte er «den Geschmack an jener Literatur, die einem solchen Fürsten angemessen ist, erwerben» und von sich selbst «großen Beweis edler Sitten und perfekter Neigung zu allen guten Dingen» ablegen.[101] Von dieser Neigung war man am römischen Hof überzeugt, aber das genügte noch nicht, um sich über das Alter des Kandidaten hinwegzusetzen, das seinem Eintritt in das Hl. Kolleg entgegenstand. Don Duarte war noch zu jung, um den Generationswechsel, den das fortgeschrittene Alter des Großonkels dringlich erscheinen ließ, nahtlos zu gewährleisten. Die Nachfolge im Amt und im enormen Pfründenbesitz, mit dem Kardinal Alessandro ausgestattet war, erwies sich als schwierig, nachdem 1585 ein Franziskaner dem mächtigen Kardinal die Tiara unter der Nase weggeschnappt hatte. Sixtus V. suchte sich nach seinem Erfolg im Konklave mit Farnese zu versöhnen, indem er Schritte unternahm, um eine seiner Nichten mit Ranuccio zu verheiraten. Aber die Verhandlungen verliefen im Sand, wohl wegen des Einspruchs von Philipp II., wie die wenigen Nachrichten erkennen lassen. Dem König war nämlich der Gedanke zuwider, daß ein zweiter Farnese den Papstthron besteigen könnte, und er witterte Gefahr, daß durch das geplante Ehebündnis Kardinal Alessandro neue Unterstützung für das nächste Konklave gewann.[102] Der Papst betrachtete dies alles als einen persönlichen Affront, da er wohl insgeheim glaubte, daß am Scheitern des Eheprojekts der Widerwille der Farnese gegen die Verbindung mit einer so einfachen Familie wie der seinen schuld war. Aber wie dem auch war, Sixtus V. liebte die Farnese nicht, und als diese sich 1586 zum ersten Mal vorwagten, erhielten sie eine Abfuhr. Onkel und Neffe, das heißt Kardinal und Herzog, hatten allen Grund zur Eile, um zu erwirken, daß ein Teil der reichen Beute an Pfründen auf das Kind übertragen wurde, denn die Gesundheit des alten Kardinals war nicht mehr die beste und geduldiges Warten völlig fehl am Platz.

Doch der Papst verwies auf das Alter des jungen Farnese und suchte Ausflüchte; schließlich gab er seine Zustimmung, aber nur zu einer Abtei. Dabei hatte der Herzog in einem Brief vom 22. September 1586 den Papst arrogant daran erinnert, daß jene, die er mit Ämtern und Pfründen geehrt habe, keineswegs die gleichen Meriten um den Glauben vorweisen könnten wie er selbst. Die Anspielung war durchsichtig, sie bezog sich auf den Großneffen des Papstes Alessandro Peretti, der im Vorjahr im Alter von nur fünfzehn Jahren zum Kardinal erhoben worden war. Sixtus V. verstand den Wink mit dem Zaunpfahl, verlor aber nicht die Haltung. Am 3. Dezember 1586, kurz vor einer neuerlichen Kardinalskreierung, erließ er die Bulle *Postquam Verus,* in welcher er die Kriterien nannte, die für die Erhebung zum Kardinal notwendig waren. Wenigstens zwei dieser Klauseln schlossen Odoardo von der Ernennung aus: Zweiundzwanzig Jahre waren das Mindestalter für einen Kardinaldiakon, der zudem innerhalb eines Jahres die höheren Weihen empfangen mußte; zum zweiten durfte keiner zum Kardinal ernannt werden, der schon einen Kardinal in der Familie hatte. Odoardo, der erst Ende Dezember dreizehn Jahre alt wurde, mußte also noch mindestens neun Jahre warten und hoffen, daß bis dahin der Großonkel gestorben war. In der Zwischenzeit konnte man nur den Pfründen nachjagen und versuchen, den Widerstand des Papstes irgendwie zu umgehen. Der erste fette Brocken, der ins Auge gefaßt wurde, waren die Einkünfte des Erzbistums Monreale auf Sizilien, über die der König von Spanien das Patronatsrecht besaß, was die Verhandlungen erleichterte. Kardinal Alessandro hatte sich seit langem diese Einkünfte reserviert. 1588 traf er ein Abkommen mit dem Erzbischof Ludovico De Torres, aufgrund dessen die Reservation in eine jährliche Pension von 10000 Dukaten umgewandelt wurde, die nach dem Tod des Kardinals auf eine von ihm selbst bestimmte Person übergehen sollte. Sofort danach sandte Herzog Alessandro einen Abgesandten nach Madrid, wo er auf größeres Gehör hoffen konnte als sein Onkel, um Don Duarte für diese Pension vorzumerken. Die Verhandlungen zwischen Rom und Madrid zogen sich lange hin, so daß die Pension erst im Dezember 1590 Odoardo übertragen wurde. In der Zwischenzeit war am 2. März 1589 Kardinal Alessandro gestorben, und Sixtus V. hatte ohne jede Rücksicht auf den Neffen dessen immenses Pfründenreich zerschlagen. Die größten Stücke fielen dem Papstneffen Alessandro Peretti zu, gute Happen erhielten auch einige einflußreiche Kardinäle, der junge Farnese mußte sich mit den Krümeln zufriedengeben, das heißt mit der Abtei Grottaferrata (6500 Skudi Einkünfte) und mit einer weiteren Abtei in Portugal, die ihm der Großonkel *in articulo mortis* vermacht hatte. Sein Vater bat deshalb Philipp II., auf den Papst einzuwirken, daß Don Duarte wenigstens zum Kardinal ernannt wurde.

Einer der Hinderungsgründe war mit dem Tod des «großen Kardinals» weggefallen, der zweite war mit Hilfe eines Dispens zu umgehen. Aber die Mühe war vergebens, Ausnahmen konnten allenfalls für die Papstneffen gemacht werden. Im Dezember 1589 ernannte Sixtus V. vier neue Kardinäle, Odoardo Farnese war nicht darunter. Der Versuch, ihm die Nachfolge im Reich des Großonkels zu verschaffen, mußte als gescheitert angesehen werden. Etwas mehr fiel ihm aus der persönlichen Hinterlassenschaft des Verstorbenen zu. Zum Universalerben hatte der Kardinal in seinem 1587 verfaßten Testament den Herzog von Parma ernannt, aber Odoardo sollte die Hälfte der mobilen Güter erhalten (mit Ausnahme der Kunstsammlungen, die auf ewig im römischen Palast, der schon dem Herzog gehörte, bleiben sollten), den Nießbrauch der Farnesina sowie der farnesischen Gärten auf dem Palatin, des Kastells von Isola, der Landgüter von Pino und Torrevergata und des Palastes von Caprarola.

Sixtus V. starb am 27. August 1590, und nach dem kurzen Zwischenspiel von Urban VII., der nur eine Woche lang regierte, bestieg am 5. Dezember 1590 der spanische Kandidat Niccolò Sfondrati, der zudem ein ergebener Anhänger der Farnese war, den päpstlichen Thron. Gregor XIV. war endlich der Papst, den Odoardo brauchte, und tatsächlich ernannte er ihn schon zwei Monate nach seiner Wahl am 6. März 1591 zum Kardinal. Die Dispens, die die Vorschrift bezüglich des Alters annullierte, ließ allerdings auf sich warten. Sie wurde erst am 5. November 1591 erteilt, aber auch das bedeutete keinen Nachteil, denn inzwischen war der junge Purpurträger älter geworden und fast achtzehn Jahre alt. Am 20. November erhielt er als Kardinaldiakon die Kirche S. Adriano. Von der zweiten Bestimmung, daß der Erwählte sich innerhalb eines Jahres zum Priester weihen lassen mußte, war dreißig Jahre lang nicht mehr die Rede.

Seine Dotation war jedoch noch unangemessen. Nach der Rechnung des Agenten der Stadt Lucca in Parma beliefen sich seine jährlichen Einkünfte, eingeschlossen das Erbe seiner Großmutter Margarete von Österreich, auf 37000 Skudi, zu wenig im Vergleich mit den Einkünften seines Großonkels, die 1589 auf etwa 120000 Skudi geschätzt worden waren. Ein Farnese hatte viel mehr Geld nötig, wenn er das Prestige seiner Familie am päpstlichen Hof aufrechterhalten wollte. Sein Vater, der Herzog, war sich dessen sehr wohl bewußt und klopfte deshalb wieder bei Philipp II. an – und es war nicht vergeblich. Am 13. Mai 1592 wurde Odoardo das Protektorat über das Königreich Aragon übertragen (2000 Skudi), am 14. Oktober die Abtei von Novara (4000 Skudi), am 25. November 1593 eine Pension aus den Einkünften des Bistums Saragoza (10000 Skudi diesmal!). Aber das alles reichte immer noch nicht, und so hatte sich sein Bruder Ranuccio im Oktober des gleichen Jahres dazu bequemen müssen, nochmals 24000 Skudi aus den Einkünften des Herzogtums Castro zuzuschießen. Nach einem «Avviso» aus Rom vom 26. Dezember 1592 überstiegen die Einkünfte des Kardinals zusammen mit der Apanage, die Ranuccio damals schon zugesagt hatte, die Summe von 75000 Skudi noch nicht; nach einem anderen «Avviso» vom 13. Oktober 1593 waren 60000 Skudi sogar der wahrscheinlichere Betrag, über den Odoardo verfügte. Die gleiche Summe nennt 1605 auch der Agent von Urbino Battista Ceci. Odoardo konnte jedenfalls sein Leben lang nicht auf die Apanage von seiten des Bruders verzichten und erreichte nie die Höhe der Einkünfte seines Großonkels.[103]

Trotz der Mühe, die sein Erwerb gekostet hatte, drückte der Kardinalshut seinen jungen Träger sehr. Zwar ließ Odoardo Farnese dieses Symbol seiner einzigen Würde unzählige Male wie einen Stempel auf sein persönliches Wappen aufdrücken, aber auf zwei Holzdecken im ersten Stock des römischen Palastes wird es von der

Inschrift «Duartes Farnesius» umrahmt, dem portugiesischen Namen, der eine ganz andere Zukunft versprach. Die Hoffnung, sich des ungeliebten Hutes zu entledigen, um ein weltlicher Fürst zu werden, verließ den Kardinal lange nicht, bescherte ihm aber nur schmerzliche Enttäuschungen. Genährt wurden diese Illusionen vor allem von seiner Schwägerin Margherita Aldobrandini, der es zehn Jahre lang nicht gelang, ihrem Gemahl den ersehnten Erben zu schenken. Die Möglichkeit, den Dienst der Kirche zu verlassen, um das Fortleben der Dynastie zu sichern, wie es in diesem Fall die Aufgabe des Zweitgeborenen war, schien also in greifbare Nähe gerückt.

Mit der Unfruchtbarkeit der Schwägerin rechnete der Kardinal seit den Heiratsverhandlungen, die er selbst in Rom geführt hatte. Obwohl man versucht hatte, die gesundheitlichen Probleme der Braut zu verheimlichen, wurde doch etwas davon publik, und die unvermeidlichen Munkeleien darüber führten sogar zu einem diplomatischen Zwischenfall. Clemens VIII. bestellte den toskanischen Botschafter Niccolini zu sich und beschwerte sich heftig bei ihm. Der kluge Diplomat gab die Indiskretion zu und bot seinen Rücktritt an, doch der Papst lehnte ab und befahl ihm vielmehr, in Rom zu bleiben, um zu verhindern, daß sich der Klatsch zu einem Skandal von größeren Proportionen ausweitete. Trotzdem erreichte die heikle Nachricht, verbreitet von Agenten und Informanten, verschiedene italienische Höfe – nur in Parma erfuhr man nichts davon. Jemand machte die boshafte Bemerkung, daß die farnesischen Unterhändler zu sehr an der Heirat interessiert seien, um den Herzog zu informieren. Ranuccio wurde also von seinem Bruder, der zweifellos darüber im Bilde war, nicht über die mögliche Unfruchtbarkeit der Braut aufgeklärt. Auch sein Agent Picedi, der zusammen mit dem Kardinal die Verhandlungen führte, zog vor zu schweigen, um den seit langem ersehnten Kardinalshut nicht zu verspielen, dessen sich Kardinal Odoardo im Gegenteil so gerne entledigt hätte, um eine Krone – und wäre es auch nur die eines Herzogs – aufzusetzen.[104]

Als sich dann tatsächlich herausstellte, daß Herzogin Margherita schwerlich in der Lage war, gesunde Kinder zur Welt zu bringen, begann das Gerücht zu zirkulieren, daß Kardinal Odoardo zu heiraten gedenke. 1605, dann 1607 und wiederum in den Jahren 1608 und 1609 ging die Rede davon. Aber Ranuccio war dagegen und führte seinen natürlichen Sohn Ottavio ins Feld, den ihm 1598 seine Geliebte Briseida Ceretoli geboren hatte. Odoardo verwies ihn auf das Schicksal von Cesare d'Este, der aufgrund der päpstlichen Bulle, welche die Nachfolge von illegitimen Nachkommen in den Lehen der Kirche untersagte, das Herzogtum Ferrara verloren hatte. Ranuccio gab aber nicht nach und legitimierte Ottavio 1605. Odoardo forderte darauf für sich das Herzogtum Castro und scheint die Zustimmung dazu seinem Bruder auch abgetrotzt zu haben. 1608 wollte er beim Großherzog von Toskana um die Hand einer seiner drei Töchter anhalten, aber Castro schien diesem zu klein, um Verpflichtungen einzugehen. 1609 schmiedete er neue Pläne, diesmal fiel sein Auge auf die Tochter von Cesare d'Este. Doch die Brüder kamen nie zu einer Einigung. Die Lösung des Problems stellte sich 1612 ein, als das erste gesunde Kind von Ranuccio und Margherita zur Welt kam, dem der Name des Kardinals gegeben wurde. Für Odoardo war es kein Trost, denn die Herzogtümer waren für das Kind bestimmt, und er selbst blieb Kardinal, wie er es vorher gewesen war.[105] Ausgerechnet er mußte später die Braut für den kleinen Farnese suchen, und zwar in Florenz, wo er gehofft hatte, für sich selbst eine Gemahlin zu finden; 1620 schloß er den Ehevertrag mit Großherzog Cosimo II. ab.[106] Jetzt mußte er sich endgültig mit dem roten Hut abfinden, allenfalls konnte er hoffen, ihn mit der Tiara zu vertauschen. Er stieg aus dem Rang eines Diakons in den der Presbyter auf (am 12. Juni 1595 hatte er den Kardinalstitel S. Eustacchio erhalten, am 13. November empfing er den Titel S. Maria in via lata; am 3. März 1621 wurde er zum Kardinalbischof von Sabina, am 28. September zum Kardinalbischof von Tusculum erhoben).[107] Seitdem er sich zum Priester hatte weihen lassen, zeigte er auch Frömmigkeit. Er trat in engere Beziehungen zu den Jesuiten, stand Bellarmino auf dem Totenbett bei und ließ ihm in der Chiesa del Gesù ein prachtvolles Grabmal errichten. Aber für die Tiara war es zu spät, denn seine Gesundheit ließ ihn im Stich. Im Gegensatz zu seinem Großonkel Alessandro blieb ihm keine Zeit, die Erfahrung zu machen, wie schwierig es war, als zweiter Farnese den Papstthron zu besteigen. Er starb am 11. Februar 1626 in Parma im Alter von nur dreiundfünfzig Jahren. In den letzten Lebensjahren weilte er häufig in Parma, um den Staat zu regieren, den der Tod seines Bruders Ranuccio im Jahre 1622 ohne Führung gelassen hatte. Das Schicksal als zweitgeborener Sohn verfolgte ihn bis zuletzt, denn Ranuccio hatte ihn zum Vormund für den kleinen Odoardo I., Herzog von Parma und Piacenza sowie Castro und Ronciglione, bestellt und ihm die Regentschaft in dessen Erblanden übertragen.[108]

Bacchus und Venus.

Auf welche Weise Kardinal Odoardo den Traditionen seiner Familie treu blieb

Odoardo Farnese, Mann der Kirche aus Gründen des dynastischen Kalküls, wurde nie auch ein Mann des Glaubens, selbst am Lebensende nicht, als seine äußerst schlechte Gesundheit ihn an sein Seelenheil hätte denken lassen müssen. Er hatte eine weltliche Erziehung genossen und nach dieser wollte er bis an sein Ende leben. Als er 1624 die farnesische Residenz Colorno besuchte, statteten übereifrige Höflinge mit Rücksicht auf sein geistliches Gewand die Räume des für ihn bestimmten Appartements mit geistlichem Mobiliar und frommem Wandschmuck aus, die der Kardinal eiligst entfernen ließ.[109] Er war an solches nicht gewöhnt, liebte dergleichen Dinge nicht und verbannte das unentbehrliche geistliche Zubehör in die Kapellen seiner Paläste. In den sanft zum Tiber hinabgleitenden Gärten des römischen Palastes, den er durch eine Brücke über die Via Giulia mit dem Ufer verband, ließ er einen kleinen Palast errichten, der wegen seiner Nachbarschaft zur Kirche S. Maria dell'orazione e morte «Casino della morte» genannt wurde. Doch an den Tod erinnerte hier höchstens das «Camerino degli eremiti» im ersten Stock, nichts anderes: weder das Gebäude selbst noch der «geheime Garten», der es umgab. Die Wandmalereien, die der Kardinal dort ausführen ließ, und die ausgestellten Gemälde ließen vielmehr ganz andere Gedanken aufkommen. Statt an Tod und Seelenheil erinnerten die

Kunstwerke an die schlafende Venus mit ihrer verführerischen Nacktheit oder die badende Diana.[110]

Ungeachtet der strengen Vorschriften von Papst Aldobrandini, der einem Mitglied des Hl. Kollegs dergleichen Vergnügen schwerlich erlaubt hätte, badete auch Kardinal Odoardo im Sommer gerne im nahen Fluß. Aber er traf dabei seine Vorsichtsmaßnahmen, und wenn nicht ein indiskreter Wasserträger zufällig das Geheimnis entdeckt hätte, wäre von den Badefreuden des Kardinals schwerlich etwas an die Öffentlichkeit gelangt.[111] Von seinem privaten Leben drang überhaupt sehr wenig nach außen. Die Tradition der Familie forderte auf jeden Fall einen Tribut an Venus, dem sich auch ein Kardinal Farnese schwerlich entziehen konnte. Der erste Kardinal und wahre Stammvater der Familie hatte auch in dieser Hinsicht den Weg vorgezeichnet. Pasquin feierte 1534 seine Erhebung zum Papst mit einem Schild, auf dem eine Vulva dargestellt war; darunter stand geschrieben: «Haec fuit occasio» – sie war der Anlaß. Dies war zwar vulgär, entsprach aber den Tatsachen. Angespielt wurde auf das bekannte Liebesverhältnis zwischen Papst Alexander VI. und der schönen Giulia Farnese, das ihrem Bruder den Kardinalspurpur und den Schmähnamen «Kardinal Fregnese» («fregna» = Fotze) eingebracht hatte. Grund zu besonderer Scham gab dieser Name damals freilich nicht, denn Kardinal Alessandro Farnese opferte seine Ehre auch weiterhin gerne Frau Venus, wie die vier Kinder bezeugen, die ihm seine Konkubine Silvia Ruffini gebar.[112] Der zweite Kardinal Alessandro Farnese stand seinem Großvater nicht nach: Als junger Purpurträger tanzte er am französischen Hof die Gaillarde mit solcher Eleganz, daß sich Königin Katharina de' Medici noch nach dreißig Jahren daran erinnerte. Zwar ließ er sich siebenmal die Tiara entgehen, doch setzte er wenigstens eine Tochter in die Welt. Wie die Kenner versichern – unter ihnen Kardinal Ferdinando de' Medici, der ihretwegen völlig den Kopf verlor –, war Clelia Farnese ebenso schön wie die legendäre Giulia.[113]

Kardinal Odoardo tat sein Bestes, um sich dieser Tradition würdig zu erweisen, doch die heroischen Zeiten des Stammvaters waren endgültig vorbei, und die neuerworbene fürstliche Würde erforderte im herrschenden gegenreformatorischen Klima sehr viel größere Vorsicht: Odoardo konnte sich keine Kinder mehr erlauben. Die Sorge um den guten Ruf der Familie veranlaßte ihn sogar, darauf zu drängen, daß das Bild der Giulia Farnese, die in Gestalt der Madonna auf einem Fresko in den vatikanischen Gemächern vor dem anbetenden Papst Alexander VI. thronte, zerstört wurde. Daß es sich bei der Madonna um die schöne Giulia handelte, hatte Vasari publik gemacht, und Kardinal Odoardo meinte, daß solches der Familienehre schade. Es war auch dies ein Zeichen der Zeit, denn das Fresko Pinturicchios, in dem man seit jeher «den Ursprung der Größe jenes Geschlechts» erkannt hatte, war während des Pontifikats Pauls III. und des langen Kardinalats seines Enkels Alessandro ungestört an seinem Platz geblieben.[114] Für die Ehre der Familie stand Reserviertheit ein, nicht Übung der Tugend, die Frömmlingen vorbehalten blieb. Ein in furbesker Geheimsprache abgefaßter Brief, den Corradino Orsini an Farnese richtete, bezeugt, daß der zwanzigjährige Kardinal den Reizen einer gewissen Macarani gegenüber nicht unempfindlich war. Diese Macarani taucht ein paar Jahre später auch in einem Brief von Del Monte an Großherzog Ferdinando auf. In diesem Brief beschreibt der Kardinal mit knappen Zügen eine Szene aus seinem täglichen Leben, in dem die Galanterie natürlich einen festen Platz hatte. Del Monte war zusammen mit dem Papstneffen Pietro Aldobrandini zum Abendmahl bei Farnese gewesen; nach dem Essen stürzten sich die Kardinäle in ein Glücksspiel («es wurde tüchtig gekämpft und Aldobrandino und ich verloren, ich mehr als er»), und zum Abschluß des geselligen Abends machten die drei Glaubenshüter einen Spaziergang, «bei dem wir den Crescenzen und Macaranen Ständchen brachten».[115]

Die Farnese waren indessen nicht nur Venus, sondern auch Bacchus sehr ergeben. Hierin folgten sie ebenfalls dem Beispiel des Stammvaters, der, wenn wir Benvenuto Cellini Glauben schenken wollen, Bacchus oft große Opfer brachte.[116] Der Freskenfries von Daniele da Volterra in einem Saal des Palastes erinnerte Kardinal Odoardo täglich an diese von seiner Familie Bacchus entgegengebrachte Verehrung. Noch 1622, gegen Ende seines Lebens, verglich er scherzhaft in einem Brief an einen gewissen Pater Anrequez,[117] der Bacchus und dem Hl. Antonius von Padua mit dem gleichen Eifer opferte, die beiden Kulte und gab der Freude darüber Ausdruck, daß der Heilige aus Padua nicht die Kraft besaß, «den Sinn» abzutöten. «Aber darüber empöre ich mich nicht», schrieb er, «denn jeder Wein, auch der beste, hat einen Bodensatz». Mit dem «Bodensatz» meinte er auch die Beschwerden, die der übermäßige Genuß von Wein (und Fleisch) verursachte. Wie alle Mächtigen seines Ranges aß und trank der Kardinal nämlich sehr viel mehr als nötig. Als Sproß eines adligen Geschlechts von Jägern liebte er die Jagd mit der gleichen Leidenschaft wie seine Vorfahren, noch mehr aber liebte er den Verzehr des Wildes. Diese enge Verknüpfung von Jagen und Essen demonstrierte er auf anschauliche Weise dem staunenden Clemens VIII. bei dessen Besuch in Caprarola im Jahre 1597. Während der Papst an einer festlich gedeckten Tafel unter einer Loggia speiste, fand im angrenzenden Park «eine wunderschöne Kaninchen- und Hasenjagd» statt, «bei der die von ein paar kleinen englischen Jagdhunden verfolgten Tiere sogar Unterschlupf unter den

Tischen suchten».[118] Aber neben Fleisch aß der Kardinal auch gerne Obst. Dies lieferten ihm in großer Menge die farnesischen Obst- und Gemüsegärten auf dem Palatin, die er mit Vorbehalt des eigenen Verbrauches verpachtete.[119] Die Trauben, Erdbeeren, Granatäpfel, Zedernfrüchte und Bitterorangen, die er vom Palatin erhielt, ließ er jedoch kandieren, so daß seiner schon reichhaltigen Ernährung zusätzliche Stoffe zugeführt wurden. Der Überernährung suchte er mit Abführmitteln zu begegnen, um die schädlichen Nebenwirkungen der Eßgier auszugleichen, aber mit wenig Erfolg, denn die entleerten Därme wurden genauso schnell wieder gefüllt. Es fiel ihm schwer, der Lektion Pauls III. zu folgen, der nur einen Tag in der Woche den Tafelfreuden zu widmen pflegte. Die Unmäßigkeit im Essen, der er zunehmend verfiel, ließ ihn an der Gicht erkranken, die seinen Körper fortschreitend zerstörte und ihn rasch zum Tode führte. 1623 beschreibt ihn der venezianische Botschafter als «von der Gicht so gekrümmt, daß er sich kaum auf den Beinen halten kann».[120]

Opfer.

Wie Kardinal Odoardo sich den Forderungen der Seele unterwarf

Im Jahre 1619 setzte Kardinal Odoardo sein Testament auf; es läßt eine auffällige Besorgtheit um die Unversehrtheit des Körpers erkennen. Seinen engsten und treuesten Dienern trug er dringend auf zu verhindern, daß die Ärzte seinen Leichnam öffneten, wie sie es mit dem des Großonkels getan hatten; dieser wurde in der Tat, wie dessen Haushofmeister Tiburzio Burzio berichtet, «arg zugerichtet».[121] Auch in der Klausel, in der er der Schwägerin Margherita «ein Gemälde von Caracciolo» vermachte, «das einen toten Christus im Arm der Madonna zeigt, a fresco gemalt und mit Ebenholztüren, die man öffnen kann», wird die gleiche Sorge greifbar.[122]

Das Gemälde mit der Pietà (Abb. 7 und 8) ist mit dem schließbaren kleinen Tragaltar identifiziert worden, das heute in der Galleria Nazionale d'arte antica im Palazzo Barberini in Rom aufbewahrt wird.[123] Nach der Meinung von Experten[124] wurde es nicht von Annibale Carracci gemalt, wie der Kardinal glaubte und der Künstler ihm offenbar zu verstehen gegeben hatte, sondern von seinem Schüler Innocenzo Tacconi nach einer Zeichnung und unter der Aufsicht des Meisters.[125] Auf dem Leichnam des toten Christus sind nur eine kleine Wunde an der Seite und leichte Abdrücke der Nägel auf einer Hand und einem Fuß zu erkennen, dazu ein paar kleine Blutstropfen auf Stirn und Wange; die Farbe der Haut ist ein zum Grau hin tendierendes, schmutziges Weiß. Die Pietà steht in der von Paleotti scharf kritisierten Bildtradition der Renaissance, als die Maler den toten Christus gewöhnlich «weich und weiß» und «ohne Striemen und die Wunden der Geißelung» darstellten.[126] Traditionsgemäß sind auch das Gesicht der Madonna und die Hände, mit denen sie den toten Sohn umfaßt, von der gleichen Farbe. Maria, die ihre Wange an die Wange des Leichnams preßt, hat wie Christus die Augen geschlossen. Sie ist vor übergroßem Schmerz zusammengebrochen, wie auch die Geste des Hl. Johannes unterstreicht, der, über sie gebeugt, mit seiner Hand den kraftlosen Arm zu stützen sucht. Die Muttergottes ist nur ohnmächtig geworden, aber sie scheint tot wie der Sohn. Zwei zusammengekauerte Putti links vorne meditieren über das schmerzliche Geschehen; der eine zeigt auf die Dornenkrone, die vor ihm auf dem Boden liegt. Eine Krone – aber nicht von Dornen – ziert auch das Haupt des Heiligen auf der Innenseite des rechten Altarflügels.

Der gleiche Heilige ist auch auf einem früheren Gemälde Annibale Carraccis, dem «Christus in Glorie» in der Pitti-Galerie in Florenz, dargestellt.[127] Es handelt sich um den Hl. Hermengild, den katholischen Sohn des Westgotenkönigs, der gegen seinen arianischen Vater rebellierte und sich zum König erhob, nach einem blutigen Krieg aber auf Befehl des Vaters im Kerker enthauptet wurde. Spuren seiner Verehrung sind seit dem frühen Mittelalter nachweisbar, aber erst 1586 wurde auf Drängen Philipps II. durch Sixtus V. der Kult offiziell in Spanien eingeführt.[128] Grund für die Verehrung, die der alte König diesem Heiligen entgegenbrachte, war sicher der schmerzliche Gedanke an den ältesten Sohn Don Carlos, der wie Hermengild gegen den Vater konspiriert hatte und im Gefängnis gestorben war. Auch Kardinal Odoardo Farnese hatte persönliche Gründe, den

Altarbild (geschlossen) von I. Tacconi nach einer Zeichnung von Annibale Carracci

Hl. Hermengild zu verehren. In seinen Adern floß Habsburger Blut, wie ein typisches körperliches Merkmal dieses Geschlechts, nämlich die vorgeschobene Unterlippe, bewies, die er mit Stolz vorzuzeigen pflegte.[129] Das Interesse am Kult sollte seine Verwandtschaft mit dem spanischen Königshaus hervorheben – aber nicht nur das. Wenn der Hl. Hermengild König Philipp II. an den Sohn erinnerte, so erinnerte er Kardinal Odoardo an den Vater, gegen den er sich nicht aufzulehnen gewagt hatte, von dem er aber trotzdem geopfert worden war. Herzog Alessandro hatte ihn zum Geistlichen bestimmt, nach

Altarbild (geöffnet) von I. Tacconi nach einer Zeichnung von Annibale Carracci

Rom geschickt und dafür gesorgt, daß er zum Kardinal erhoben wurde, alles zum Vorteil Ranuccios, dem er das ganze Erbe zuteilte: die Herzogtümer Parma und Castro, die Markgrafschaft Novara, den Pallavicini-Staat, die Besitztümer in den Abruzzen, Apulien und Kampanien, Erbteil der Mutter, und die Güter der Gemahlin Maria von Portugal, dazu den beweglichen und unbeweglichen Besitz des Onkels, Kardinal Alessandro Farneses.[130] Dabei hatte es in der Familiengeschichte auffällige Abweichungen vom Erstgeburtsrecht gegeben. Von den vier Söhnen Pierluigis war der älteste, Alessandro, für das

Kardinalat bestimmt worden, während das Herzogtum Parma an den Zweitgeborenen fiel; auch bei den beiden jüngeren Söhnen wurde die Regel umgekehrt: Ranuccio wurde Kardinal, Orazio Herzog von Castro. Selbst Kardinal Alessandro faßte Ausnahmen vom Recht der Primogenitur ins Auge, denn er bestimmte im Testament, daß als Erben seiner unbeweglichen Güter nicht nur der Erstgeborene des Universalerben, sondern auch «alle Laien, die von der männlichen Linie des Hauses Farnese abstammen», als Nacherben in Frage kamen.[131] Ausgeschlossen waren nur die Frauen und die Geistlichen der Familie. Margarete von Österreich hatte sich zwar strikt an das Ältestenrecht gehalten und ihren Sohn Alessandro und dessen Nachfolger Ranuccio zu Universalerben eingesetzt, aber sie vermachte im Testament auch ihrem Enkel Odoardo ein Legat, das eventuellen ehelichen männlichen Nachkommen hinterlassen werden durfte.[132] Im Gegensatz zum Vater, der den Sohn fest an die kirchliche Laufbahn binden wollte, schlossen also weder der Großonkel noch die Großmutter grundsätzlich aus, daß Don Duarte Kinder zeugen konnte. Nur der Purpur hinderte Kardinal Odoardo daran, die Erbschaft des Großonkels anzutreten und alle anderen Rechte wahrzunehmen, die mit der Primogenitur verbunden waren, – auch die, auf welche die Farnese nur Anspruch erhoben. Nach dem Tod König Sebastians im Jahre 1578 erhob Herzog Alessandro Anspruch auf den portugiesischen Königsthron für seinen Sohn, den ältesten natürlich, obwohl doch der jüngere den portugiesischen Namen Duarte trug.[133] Getreu den väterlichen Lehren wollte auch Ranuccio in keinem Augenblick auf die Prärogativen der Erstgeburt verzichten.

Auf Carraccis Gemälde «Christus in Glorie» ist neben Hermengild ein zweiter gekrönter Heiliger dargestellt, der Hl. König Eduard III. von England, von dem die

«Christus in Glorie» von Annibale Carracci

beiden Farnese-Brüder mütterlicherseits abstammten. St. Eduard legt eine Hand auf die Schulter von Kardinal Odoardo, der betend neben ihm kniet, und preßt die andere auf die Brust zum beredten Zeichen dafür, daß er vor Christus für seinen namensgleichen Schützling einsteht. Mit diesem Bild beabsichtigte Kardinal Odoardo, eine eigene Thronkandidatur aufzustellen. Die Peterskirche im Hintergrund, der Hl. Petrus selbst mit den Schlüsseln in der Hand und der Evangelist Johannes mit dem aufgeschlagenen Buch sollten anzeigen, daß einem Kirchenfürsten, der auf den englischen Königsthron Anspruch erhob, die päpstliche Billigung nicht fehlen konnte, da doch ihr letztes und höchstes Ziel die Wiederherstellung des katholischen Glaubens in England war. Die Herrlichkeit Christi und die Ambitionen des Kardinals deckten sich. Zum Pfand versprach Kardinal Odoardo Reue und Nächstenliebe. Die Reue, verkörpert von Maria Magdalena, bezog sich auf die sieben Todsünden, die der Kardinal alle gewohnheitsmäßig beging, vor allem aber auf die Sünde der Ausschweifung. Die Nächstenliebe, auf die der Lahme in der Mitte hinweist (der Hl. Eduard war in der Tat der Beschützer der Lahmen[134]), stellte dagegen den Engländern Wohlwollen und Freigiebigkeit in Aussicht. Aber die Versprechungen machten auf niemanden Eindruck, und als Elisabeth I. starb, folgte ihr, wie vorauszusehen war, Jakob I. Stuart. Die vielen frustrierten Ambitionen wurden dem Kardinal mit der Zeit zu einer schweren Last, so daß ihm zum Schluß nur noch die Reue blieb, die ihn, wenn auch nicht für einen Thron auf Erden, so doch für einen Platz im Himmel prädestinierte. 1600 hatte er in der Einsiedelei Camaldoli der Hl. Maria Magdalena, die er vorsichtshalber sein ganzes Leben lang verehrte, eine Zelle geweiht, in die das Gemälde Carraccis zu unbestimmtem Zeitpunkt überführt wurde. Hier entdeckte es der als Kunstsammler berühmte Prinz Ferdinando de' Medici, der das Bild Ende des 17. Jahrhunderts nach Florenz bringen ließ.[135]

Da der Hl. Eduard auf dem Tragaltar fehlt, ist anzunehmen, daß dieser erst nach 1603 entstand, als Kardinal Odoardo seine Hoffnungen auf den englischen Königsthron endgültig begraben mußte.[136] An Stelle seines

Namensheiligen ist auf dem linken Altarflügel die Hl. Caecilia mit dem Keuschheitsgürtel und der Orgel im Hintergrund dargestellt. Zu Hermengild und Caecilia gesellen sich auf dem Tragaltar noch zwei weitere Heilige, Maria Magdalena und der Evangelist Johannes. Während der Hl. Johannes auf dem Gemälde Christus zur Seite sitzt und in den Evangelien liest, als wollte er England mit Krieg überziehen, um es zum wahren Glauben zurückzuführen,[137] steht er auf dem Tragaltar der Muttergottes bei, die Christus ihm im Sterben anvertraute. Vertrauen, Reue und Keuschheit verbinden sich mit dem Aufstand gegen den Vater und dem darauffolgenden Tod, auf den die beiden Martyriumsszenen unter den Heiligen auf den Altarflügeln hinweisen sollten. Das dynastische Kalkül hatte Kardinal Odoardo die Krone des Hl. Hermengild bestimmt; sie mußte ihm wie eine Dornenkrone zur Besiegelung des Keuschheitsopfers erscheinen, zu welchem ihn der Vater gezwungen hatte, als er ihn für die kirchliche Laufbahn ausersah. In der «Vita» des Hl. Hermengild, die Kardinal Odoardo zweifellos kannte – sie stand in seiner Bibliothek –, schreibt der Verfasser, der «licendiado» Alonso de Villegas, daß «der Vater zwar hierbei viel verlor, da er eine schwere Sünde beging, der Sohn aber viel gewann, denn auf diese Weise errang er die Märtyrerkrone und vertauschte das irdische Königreich mit dem himmlischen».[138] Für Kardinal Odoardo verflocht sich also das eigene, persönliche Schicksal mit dem christlichen Mythos von Sünde und Erlösung, der zusammengefaßt schon auf der Außenseite der Altarflügel dargestellt ist: Hier streckt der Erzengel Michael den Teufel zu Boden, während der Schutzengel die Seele gen Himmel führt.

Als Kardinal Odoardo am 7. September 1619 sein Testament aufsetzte, war er in schlechter gesundheitlicher Verfassung, aber die Nachfolge in den väterlichen Staaten konnte nunmehr als fest gesichert angesehen werden. Am 15. August war nach dem Thronerben und drei Töchtern auch der zweite Sohn Herzog Ranuccios, Francesco Maria, geboren worden, der traditionsgemäß für einen Sitz im Kardinalskollegium bestimmt war.[139] Von den vielen Gemälden seiner großen Sammlung nennt Odoardo im Testament nur zwei:[140] den kleinen Tragaltar mit der Geschichte seines persönlichen Opfers und einen «kreuztragenden Christus» von Sebastiano Del Piombo, den er seiner vom Vater ins Kloster verbannten Schwester Maura Lucenia vermachte.[141] Jedem also sein Kreuz! Außer dem Tragaltar hinterließ er seiner Schwägerin einen Ring mit einem großen Diamanten zur Erinnerung an seine Mutter, der das Juwel einst gehört hatte. Nachdem Margherita Aldobrandini den Farnese die nötige Nachkommenschaft geschenkt hatte, nahm sie in der Familie die gleiche Stellung ein wie in der Generation zuvor Maria von Portugal. Aber Kardinal Odoardo hatte sie aller Hoffnungen beraubt. Odoardo wurde nicht Vater, sondern blieb immer ein Sohn, nicht nur im Leben, sondern auch noch im Tod: Als «Odoardus Farnesius, Alexandri Parmae Ducis et Mariae Lusitanae Filius» bezeichnete er sich in der von ihm selbst aufgesetzten, im Testament festgelegten Grabinschrift. Sie ist heute noch in der Chiesa del Gesù, wo er begraben werden wollte, zu finden. Der portugiesische Name Duarte, mit dem er sein Testament eigenhändig unterzeichnete, beschreibt die ganze Melancholie des Verzichts.[142] Ähnlich wie der Tragaltar zeichnet auch das Testament das Bild eines toten Sohnes, der, Wange an Wange, sich mit der Mutter vereint. Ausgeschlossen von Ehe und Vaterschaft, gibt sich der Kardinal ganz wie Papst Clemens VIII. einer narzißtischen Liebe zum eigenen Körper hin, zu einem fast unversehrten, von Wunden nur leicht verletzten Körper, der auch noch im Tod das Bild immer erstrebter

Schönheit ist. Die Liebe zum Leib, der symbolisch die Illusion der Unsterblichkeit vertritt, triumphiert über die Sorge um das Seelenheil. Für dieses genügten die 5000 Messen, die, wie der Kardinal mit wahrem Krämersinn bestimmte, nach seinem Tod gelesen werden sollten.

Zweiter Teil

Mäzenatentum: Die Fresken im Palazzo Farnese

Grosser Saal:

Vom Scheitern des Plans,
die Heldentaten Herzog Alessandro Farneses
zu verherrlichen

Nach dem Tod des Großonkels, Kardinal Alessandro Farneses, kam Don Duarte im Jahr 1589 in den Besitz aller farnesischen Residenzen in Rom und in Latium mit Ausnahme des großen römischen Palastes, in dem er selbst wohnte. Herzog Alessandro, der rechtmäßige Eigentümer dieses Palastes seit dem Tod Herzog Ottavios im Jahre 1586, schuf klare Verhältnisse, indem er in seinem am 7. Dezember 1591, neun Monate nach der Kardinalserhebung des Sohnes aufgesetzten Testament Odoardo den Nießbrauch aller seiner römischen Besitzungen einschließlich des Palastes, den Ranuccio erben sollte, übertrug.[143] Kraft des väterlichen Testaments erwarb Kardinal Odoardo weitgehende Rechte am Palast. Das Rechtsinstitut des Nießbrauchs erlaubte es nämlich, Verbesserungen am Besitz vorzunehmen und zum Zweck der Verschönerung Arbeiten nach eigenem Geschmack ausführen zu lassen, ohne dem Eigentümer Rechenschaft ablegen zu müssen; im Extremfall war jener sogar verpflichtet, die Kosten zu erstatten.[144] Von diesen Möglichkeiten Gebrauch zu machen, lag in der Familientradition. Die Kardinäle Alessandro und Ranuccio hatten den Ausbau und die Dekoration des Palastes betrieben und finanziert, zugleich aber auch nach Gutdünken über den Palast verfügt.[145]

Der Palast war, als Kardinal Odoardo ihn bezog, immer noch nicht ganz vollendet. Vor allem die von Kardinal Ranuccio begonnenen Dekorationsarbeiten waren nach dessen Tod praktisch liegengeblieben. Kardinal Alessandro hatte zwar Unsummen Geldes in den Bau des rückwärtigen Teiles gesteckt, die Innenausstattung jedoch nicht zu Ende geführt. Der «Große Saal», der riesige Repräsentationsraum im ersten Stock, und die Galerie mußten noch ausgemalt werden. Der frischgebackene Kardinal wußte, daß er schon vor dem Tod seines Vaters frei im Palast walten und schalten konnte. Schon 1592 begann er deshalb die Planung für die malerische Ausschmückung, die jedoch noch keine so anspruchsvollen Räume wie den Großen Saal oder die Galerie miteinbezog. Am 4. August schrieb er aus Parma an Fulvio Orsini, den Antiquar der Farnese. Orsini hatte in Odoardos Erziehung eine große Rolle gespielt und spielte sie noch immer. In diesem Brief gab er seine Zustimmung zu einer persönlichen Imprese, die Orsini für ihn entworfen und ihm gewidmet hatte und die dann im «Camerino», seinem Schlafgemach, dargestellt wurde.[146] Kurz darauf starb sein Vater, den die Ärzte schon 1591 aufgegeben hatten, am 3. Dezember 1592 im fernen Arras. Der Tod Herzog Alessandros unterbrach die Planung.

Die Stadt Rom, in der Herzog Alessandro das Licht der Welt erblickt hatte, erwies dem Toten große Ehren. Als erstes wurde in der Kirche S. Maria Aracoeli, dem Tempel der römischen Aristokratie, von Giacomo Della Porta ein Katafalk errichtet; er war mit Gemälden des Cavalier d'Arpino geschmückt, auf denen die Heldentaten des Verstorbenen dargestellt waren. Dem folgte im Januar ein Standbild auf dem Kapitol und Ende des Jahres eine Inschrift im Konservatorenpalast. Eine noch hochtönendere Inschrift wurde 1596 in S. Maria Aracoeli angebracht.[147] Der im Familienpalast residierende Sohn durfte da nicht nachstehen, ja er mußte möglichst noch größeren Aufwand treiben. Nach dem feierlichen Requiem, das der Papst im Januar in St. Peter zelebrieren ließ, und der Totenmesse der Stadt am 3. April stellte das am 5. April von Kardinal Odoardo in der Chiesa del Gesù veranstaltete Requiem, bei dem auf jeden Prunk verzichtet wurde, eine verpaßte Gelegenheit dar. Der Kardinal hatte sich nämlich davon überzeugen lassen (von wem, ist unbekannt), die 6000 Skudi, die die Zeremonie kosten sollte, für wohltätige Zwecke auszugeben. Vielversprechender erschienen in dieser Hinsicht die beiden Initiativen, die er im folgenden Jahr ergriff. 1594 ließ Kardinal Odoardo den aus Orvieto gebürtigen Bildhauer Simone Moschino aus Parma, wo er seit Jahren für Ranuccio arbeitete, nach Rom kommen. Für das Standbild Herzog Alessandros auf dem Kapitol war eine antike Statue verwendet worden, der ein von Ippolito Buzzio geschaffener Kopf des Verstorbenen aufgesetzt wurde. Für den Farnesepalast sollte Moschino indessen eine riesige Marmorgruppe gestalten, die die Apotheose des von der Siegesgöttin gekrönten Herzogs darstellte. Im August war der Künstler bereits in Rom an der Arbeit, aber 1595 unterbrach er sein Werk, um nach Parma zurückzukehren, wo er lieber arbeitete und Ranuccio ihn mit allerlei Aufträgen beschäftigte. Es vergingen mehrere Jahre, bis die Gruppe nach verschiedenen Unterbrechungen endlich fertiggestellt war.[148] Noch schlechter stand es um die zweite Initiative, den Plan, zu Ehren des verstorbenen Vaters den Großen Saal mit Fresken auszuschmücken, die die Ruhmestaten Herzog Alessandros zum Inhalt haben sollten. Dem Plan lag zweifellos die Absicht zugrunde, die Verherrlichung der Farnese durch die Darstellung herausragender Ereignisse der Familiengeschichte, der schon die von den Kardinälen Ranuccio und Alessandro veranlaßten und von Francesco Salviati und den Brüdern Zuccari ausgeführten Fresken im sogenannten «Salotto dipinto» im ersten Stock dienten, fortzusetzen. Zu diesem Zweck nahm Kardinal Odoardo 1593 Kontakt zu den Bologneser Malern Agostino und Annibale Carracci auf und einigte sich im Herbst 1594 mit ihnen darauf, daß sie gegen Ende des Sommers 1595 die Arbeit im römischen Palast aufnehmen sollten.[149] In weiser Voraussicht hatte der Kardinal schon im Juli 1593 seinen Bruder Ranuccio gebeten, ihm Kopien der «acht gemalten Bilder» mit den Heldentaten Alessandro Farneses zu schicken, die sich seines Wissens, so schrieb er, «unter den Sachen des Herzogs, unseres Vaters seligen Angedenkens, befinden, die aus Flandern gekommen sind».[150]

Die «Sachen» des Herzogs, vor allem sein für die Regierung der spanischen Niederlande so wichtiges Archiv, waren sofort nach dem Tod von seinem treuen Sekretär Cosimo Masi nach Parma geschickt worden. Hinsichtlich der Korrektheit in der Verwaltung und der Loyalität gegenüber Spanien war in der Tat schwerer Verdacht auf den verstorbenen Statthalter gefallen, und bevor das Archiv in die Hände Philipps II. gelangte, war es gut, daß man in Parma Einsicht nahm, um eventuellen Vorwürfen begegnen zu können. In diesem Archiv, schrieb Masi an Herzog Ranuccio, ist «die Substanz der Geschichte ... und die Rechtfertigung der Handlungen jenes glorreichen Andenkens» enthalten. Das Archiv und die Gegenstände aus dem Besitz Herzog Alessandros waren Anfang 1593 in Parma angekommen, Ranuccio schickte deshalb seinem Bruder sofort einen Brief Masis und eine Zeichnung. Den Brief sandte der Kardinal am 7. August zurück, die Zeichnung behielt er – sie hatte offenbar etwas mit den Taten des Vaters zu tun. Zugleich bat er den Bruder, ihm die acht schon erwähnten Bilder zu übersenden, nicht die Kopien, sondern die Originale selbst.[151] Dies scheint auch sofort geschehen zu sein, denn später ist nicht mehr davon die Rede.[152]

Anderthalb Jahre später, am 21. Februar 1595, schrieb er erneut seinem Bruder von dem Plan, den Großen Saal mit den Taten des Vaters freskieren zu lassen; diesmal benötigte er für das Programm «das Buch mit den Zeichnungen über die Unternehmen, das Graf Cosimo aus Flandern hat kommen lassen». Von diesem Zeichenbuch hatte ihm bereits Cosimo Masi selbst geschrieben und zugefügt, daß es zusammen mit «den Sachen, die noch hier geblieben sind», nach Parma gehen würde.[153] Masi war immer noch in Brüssel, wo ihn die Spanier als Geisel festhielten. Erst als Herzog Ranuccio die Rückgabe des Archivs zusicherte, erhielt Masi zwischen September und Oktober 1594 den Geleitbrief, der ihm die Rückkehr nach Italien ermöglichte. Ende des Jahres war er wieder in Parma, sein Gepäck folgte kurz darauf nach.[154] Die Zeichnungen konnten folglich wenig später nach Rom geschickt werden. Den Inventaren, die nach dem Tod Kardinal Odoardos aufgestellt wurden, läßt sich entnehmen, daß sich viele Zeichnungen in Rom befanden.[155]

Herzog Ranuccio hatte keinen Grund, seinem Bruder die Gemälde und Zeichnungen zu verweigern, die zur Verherrlichung des Vaters nützlich sein konnten, denn er war sehr viel mehr als der Kardinal um den guten Namen der Familie besorgt. Als der Historiker Cesare Campana ihn um Unterlagen über die Belagerung von Antwerpen ersuchte, erhielt er sie sofort und dazu noch ein schönes Geschenk.[156] Der Herzog war es auch – nicht sein Bruder, der in Rom viel bessere Gelegenheiten zu Kontakten mit Literaten gehabt hätte, – der alles daran setzte, geschickte und verläßliche Panegyriker ausfindig zu machen, und jahrzehntelang viel Geld allein dafür ausgab, um zu verhindern, daß nicht mit höchstem Respekt vom Vater gesprochen wurde.[157] Der Kardinal teilte diesen Übereifer nicht, zuweilen zog er sich sogar Vorwürfe wegen seiner Gleichgültigkeit zu. Marco Pio, der zweite Gemahl der Clelia Farnese, schrieb 1595 an Ranuccio, daß der Humanist Antonio Querengo sein Werk über Herzog Alessandro nicht beginnen könne, weil Kardinal Odoardo trotz seiner Zusagen sich nicht weiter um die Angelegenheit gekümmert habe. Ranuccio mußte Querengo nach Parma kommen lassen, «um die heroischen Taten des Vaters mit der Lebhaftigkeit der geschichtlichen Erzählung zu verewigen». Der Herzog wandte sich auch an den Jesuitengeneral, um einen weiteren Lobredner zu gewinnen. Das späte Ergebnis dieser Bemühungen war ein voluminöses Geschichtswerk mit dem Titel *De bello belgico,* als dessen Verfasser der römische Jesuit Famiano Strada zeichnete. Kardinal Odoardo, der bei den Jesuiten zu Hause war, hatte sich in die Sache nicht eingemischt.[158]

Wann genau die Zeichnungen nach Rom gelangten, ist nicht sicher auszumachen. Kardinal Odoardo hielt sich im August 1595 in Parma auf,[159] und falls er bis dahin die Zeichnungen, um die er seinen Bruder im Februar gebeten hatte, noch nicht erhalten hatte, konnte er sie selbst mit nach Rom nehmen. Aber wie dem auch war, aus dem Briefwechsel von Fulvio Orsini, der damals die Oberaufsicht über die künstlerischen Arbeiten im Palast führte, geht klar hervor, daß der Kardinal nach dem Tod seines Vaters ganz andere Projekte im Kopf hatte. Im August 1595 kam Annibale Carracci, der jüngere der beiden Bologneser Maler, nach Rom, doch statt im Großen Saal zu arbeiten, wofür ihn der Kardinal, wie er seinem Bruder noch vor wenigen Monaten schrieb, in Dienst genommen hatte, begann er das «Camerino» zu freskieren.

Mehr als ein Jahr lang kümmerte sich Odoardo nicht mehr um das Andenken seines Vaters. Erst im Sommer 1596, als hätte ihn plötzlich das Gewissen geplagt, kam ihm der Vater wieder in den Sinn, aber nur mit Bezug auf die Marmorgruppe, die Moschino unvollendet gelassen hatte. Am 21. August schrieb er aus Caprarola an seinen Bruder mit der Bitte, Moschino nach Rom zurückzuschicken, um die Statue zu vollenden.[160] «Ich kann es gar nicht erwarten, daß sie fertig ist», schrieb er damals. Ranuccio erfüllte seine Bitte, der Bildhauer kam im Dezember nach Rom zurück und blieb dort bis Anfang März 1597, als der Herzog ihn wieder nach Parma zurückbeorderte.[161] Auch diesmal führte er die Arbeit nicht zu Ende, doch trotz der proklamierten Ungeduld protestierte der Kardinal nicht weiter. Moschino kam noch zweimal nach Rom, im Dezember 1598 und im April 1599. Das letzte Mal hielt er sich anscheinend ein ganzes Jahr in der ewigen Stadt auf. Mit Sicherheit befand er sich im September 1599 dort, als der Haushofmeister Alessandro Guidiccioni in einem Brief dem damals in Parma weilenden Kardinal (Odoardo hatte sich nach Parma begeben, um Ranuccio Rechenschaft über den positiven Abschluß der von ihm geführten Verhandlungen über die Heirat mit Margherita Aldobrandini abzulegen) vom Beginn gewisser Bauarbeiten im Palast berichtete. Moschini war nämlich nicht nur Bildhauer, sondern auch Architekt, und als solchen erwähnt ihn Guidiccioni in seinem Brief. Er blieb jedenfalls in Rom bis zum April 1600, als der Herzog zur Hochzeit kam und ihn nach Parma zurückschickte, wo vor der Ankunft der Braut noch verschiedene Arbeiten zu Ende geführt werden mußten.[162] Jedenfalls vollendete Moschino in der Zeit zwischen September 1599 und September 1600 die Marmorgruppe, die sich heute im Schloß von Caserta befindet.[163]

Die Arbeiten im römischen Palast, von denen Guidiccioni im Brief vom 4. September berichtet,[164] betrafen vor allem den Großen Saal, der in Hinsicht auf die mit Verlobung und Hochzeit verbundenen Empfänge verschönert werden sollte. Die ganze Ausstattung wurde entfernt und auch der Fußboden erneuert.[165] Der Kamin, ein Sarkophag und die Fliesen des alten Fußbodens wurden provisorisch in der Loggia des zweiten Stockwerks gelagert.[166] Vom Großen Saal aus griffen die Arbeiten auf die «Sala degli imperatori» über, die zwar noch nicht so hieß, aber damals schon mit antiken Statuen ausgestattet war.[167] In diesem Saal wurde eine Brüstung oder vielmehr ein Geländer angebracht, für das vierzig Löcher in den Boden gehauen wurden.

Außer dem Fußboden wurde im Großen Saal bis auf einen Sockel von etwa drei Meter Höhe auch der Putz erneuert, aber man ließ es beim Rauhputz bewenden. Dieser mußte gut abgetrocknet sein, bevor die letzte Schicht, der Leim, aufgetragen werden konnte, der auch der Untergrund für eventuelle Fresken war. Die Tatsache, daß der Putz nicht wie in der Loggia und vielen anderen Räumen des Palasts komplettiert wurde, weist darauf hin, daß Kardinal Odoardo den seit langem gehegten und nie ausgeführten Plan, die Taten des Vaters im Bild zu verherrlichen, nun endlich verwirklichen wollte. Der erste konkrete Versuch der Realisierung, der auch in den Zeichnungen von Annibale Carracci Spuren hinterlassen hat, fällt demnach in die Zeit zwischen September 1599 und Dezember 1600. Dieser Zeitraum läßt sich noch einige Monate enger fassen, wenn man bedenkt, daß zwischen der Registrierung der ausgeführten Arbeiten zum Zweck der Aufstellung der Endrechnung und den effektiven Zahlungen je nach Umfang der Arbeiten oft mehrere Monate vergingen.[168] Fest steht jedenfalls, daß Annibale nur wenig arbeitete, doch hinter dem lauen Eifer des Malers läßt sich unschwer die geringe Lust des Kommittenten erkennen.

Als Kardinal Odoardo die Arbeiten im Großen Saal in

Angriff nahm, hoffte er, den Papst hier persönlich empfangen zu können, und auf diesen geheimen Wunsch weist Guidiccioni auch im Brief vom 4. September hin («vom Kommen des Papstes nach hier ist keine Rede», schrieb er). Die Hochzeitsfeierlichkeiten sollten dem Kardinal erneut Gelegenheit bieten, seine Größe zu demonstrieren, wie er es schon 1597 in Caprarola getan hatte. Der Große Saal mit seinen zyklopischen Ausmaßen war dazu bestens geeignet, denn er war von Anfang an für solche Gelegenheiten geplant worden. Als eindrucksvolles Symbol der Macht des Geschlechtes sollten die Bilder die Verdienste der Familie, die sie im Dienst der Kirche erworben hatte, erzählen. Herzog Alessandro war einer der berühmtesten Feldherrn seines Jahrhunderts gewesen. Zwar hatte er sein Leben lang für seinen Onkel, König Philipp II. von Spanien, gekämpft, aber dessen Feinde, gleich ob Türken oder Protestanten, waren schließlich auch die Feinde der Kirche, und in den Augen eines Papstes gab es kein größeres Verdienst als diesen Kampf gegen die Widersacher der Kirche. Clemens VIII. wußte dies genau, hatte aber nicht die Absicht, Odoardo Farnese diese Genugtuung zu geben: In den Palast der Farnese würde er den Fuß auf keinen Fall setzen! Der Kardinal brauchte eine Weile, bis er dies begriff.

Ende 1599 kamen die Aldobrandini mit dem Plan, die Hochzeit in Meldola zu feiern, dem 1597 vom Papst erworbenen Städtchen in der Romagna, mit dem Giovanfrancesco als Graf belehnt worden war.[169] Noch Anfang April 1600 war von Meldola die Rede, aber als kurz danach feststand, daß die Hochzeit in Rom gefeiert und vom Papst persönlich zelebriert werden sollte, konnte kein Zweifel mehr darüber bestehen, daß im Palast der Farnese kein Empfang stattfinden würde.[170] Der Kardinal nahm dies zur Kenntnis und ließ alle Pläne zur Ausmalung des Großen Saals fallen. Das Projekt wurde aufgegeben, noch bevor sich der Maler ernstlich an die Arbeit machte. Zur Verherrlichung Herzog Alessandros konnte die Marmorgruppe Moschinos genügen, die im Großen Saal aufgestellt wurde.[171] 1602 wurde Kardinal Odoardo anscheinend noch einmal von Gewissensbissen heimgesucht. Nach dem Zeugnis von Bellori und Malvasia machte er in diesem Jahr erneut Anstalten zur Ausschmückung des Großen Saals mit den Heldentaten seines Vaters.[172] Aber auch diesmal verlief alles im Sand. Die Wände blieben weiß, wie sie es noch heute sind.

Camerino:

Wo Kardinal Odoardo erklärt, den Weg der Tugend einschlagen zu wollen

Am 29. Juli 1591 schrieb Fulvio Orsini, der betagte Antiquar des Palazzo Farnese und angesehene Mentor des jungen Odoardo, einen Brief aus Rom nach Parma, wo der erst vor wenigen Monaten zum Kardinal erhobene Farnese sich zu einem kurzen Besuch am Hof seines Bruders befand. Der Brief begleitete ein druckfrisches, noch ungebundenes Exemplar der *Dialoghi* «über Medaillen und andere Altertümer» des Spaniers Antonio Agustin, die gerade ins Italienische übersetzt worden waren.[173] Der vor wenigen Jahren verstorbene Agustin war einer der berühmtesten Antiquare des Jahrhunderts und mit Orsini als Forscher und Freund eng verbunden gewesen. Im Brief rühmte Orsini Agustins großes Wissen. Er glaube, schrieb er, daß Agustin sein ganzes Wissen – und das sei enorm und unter dem Himmel von Rom erworben – in diesem Buch niedergelegt habe. Die Erwähnung von Agustins römischem Aufenthalt beinhaltete zweifellos einen Hinweis auf die von Orsini seit vielen Jahren betreute Antikensammlung im Palazzo Farnese; Orsini wollte damit offenbar das Interesse des jungen Farnese gewinnen, der in diesem Palast gewöhnlich lebte und seinen Studien nachging. Kardinal Odoardo zeigte sich im Antwortbrief vom 23. August begeistert. Er entschuldigte sich, daß er das Buch noch nicht «genießen» konnte, weil ihn eine Krankheit ans Bett fesselte, versprach aber, mit der Lektüre so bald wie möglich zu beginnen. Zugleich bat er um das Abbildungsmaterial, das noch im Druck war.[174]

Der kurze Briefwechsel erhellt, wie sehr es Orsini am Herzen lag, seinem Schüler die Liebe zu den griechisch-römischen Altertümern, denen sein ganzes Leben gewidmet war, einzuflößen. Agustins Buch war vor allem in ikonographischer Hinsicht bedeutsam, da ihm ein reicher Abbildungsapparat beigegeben war. Schon auf den ersten Seiten schreibt der Verfasser dem Studium der Medaillen eine vornehmlich ästhetische Bedeutung zu. Die antiken Medaillen sollten den Künstlern (Malern, Bildhauern, Silberschmieden und «Meistern ähnlicher Werke») das Stilmodell liefern, um die Wiedergeburt der nach den dunklen Jahrhunderten des Mittelalters wiedererstandenen Schönheit zu festigen. «Die antiken Medaillen», schrieb der spanische Antiquar, geben sehr viel Anschauungsmaterial ab für perfekte Zeichnung und Positur aller Figuren, die so natürlich wirken, daß man es nicht besser machen kann», weshalb «die guten Meister sie kennen und nachahmen», und zwar so gut und perfekt, «daß man kaum einen Unterschied zwischen den wahren und den falschen erkennen kann». Diese Funktion der Bildung des ästhetischen Geschmacks kam den antiken Medaillen auch (und nicht zuletzt) wegen des umfangreichen Bildrepertoires zu, das sie boten. Den Rückseiten der Medaillen, meinte Agustin, «lassen sich hunderttausend Arten von Inventionen und Feinheiten entnehmen; sie machen die antiken Dinge großenteils verständlich».[175]

Von der Einweihung des jungen Farnese in die Geheimnisse der antiken Kunst zeugt auch ein Brief Orsinis vom 8. Februar 1593. Er war an Ranuccio, den neuen Herzog von Parma, gerichtet und beleuchtet scheinwerferartig das vertraute Zusammenleben von Meister und

Schüler im römischen Palast. «Ich kann Eurer Hoheit gar nicht sagen», schrieb der Antiquar, «welch eine Gunst er mir erweist, wenn er oft des Abends in meine Räume kommt mit dem Wunsch, Vorträge über antike Geschichte und Literatur zu hören, wobei wir beide so viel Freude haben, daß es mir zur wunderbaren Erhebung wird.» Orsini blieb also der Aufgabe treu, zu der er sich in einem Brief an Kardinal Alessandro vom 18. August 1588 verpflichtet hatte, als er dem Kardinal versprach, daß «der Herr Odoardo ... mit seiner großen Neigung zur Antike» mit Hilfe des von ihm, Orsini, erteilten Unterrichts «das wahre Inventarverzeichnis» der farnesischen Sammlungen werden würde.[176] Der Erfolg dieser antiquarischen Erziehung durch Orsini ließ nicht auf sich warten: Kardinal Odoardo bemühte sich schon früh darum, die vom Großonkel geerbte Antikenkollektion zu erweitern, indem er 1593 die Cesarini-Sammlung erwarb. Er ließ es sich auch angelegen sein, die Restaurierung der Statuen, mit denen der Bildhauer Giovanni Battista De Bianchi seit langem unter der Aufsicht Orsinis beschäftigt war, zu Ende zu führen und der Sammlung ihren endgültigen Platz in den verschiedenen Sälen des Palastes zuzuweisen.[177]

Der gleiche Geschmack fürs antik Antiquarische inspirierte den Kardinal auch bei der Wahl des Programms für die Dekoration jener Räume des Palastes, denen eine solche bislang fehlte. 1592 begann er mit Plänen für die Ausmalung des «Camerino», seines Schlafgemaches. Der Tod Herzog Alessandros zwang zu einer Pause, aber 1595 wurde das Projekt wieder aufgegriffen. Zwei Briefe des Kardinals an Orsini aus diesem Jahr lassen erkennen, daß das Programm vom Antiquar ausgearbeitet wurde und offenbar zur Zeit des ersten Briefes (8. August 1595) in den Grundzügen schon festgelegt war. Das Thema war Herkules bei der Wahl zwischen Laster und Tugend. Im Brief behielt sich Kardinal Odoardo nur noch vor, selbst zu entscheiden, ob die Malereien eventuell von Texten zum besseren Verständnis der dargestellten Geschichte begleitet werden sollten. Schon 1592 war von solchen Beschriftungen die Rede gewesen. Kardinal Odoardo hatte damals für die lateinische Sprache gestimmt, doch trotz seiner im Brief vom 8. August 1595 geäußerten Bedenken, akzeptierte er am Ende die Meinung Orsinis, der dem Griechischen den Vorzug gab. Man einigte sich auf nur zwei Texte, die auf griechisch abgefaßt wurden und heute noch im Camerino zu lesen sind. Es handelt sich um zwei Denksprüche, die die Pedanterie des Programms unterstreichen, das der gerade erst aus der Schule entlassene, aber von seinem Lehrer immer noch abhängige Schüler sich aufdrängen ließ. Die Intention des Programms war pädagogisch. Orsini zeigte seinem Schüler – ein neuer Herkules am Scheideweg – den steilen Weg zur Tugend. Der zwanzigjährige Kardinal ließ den Lehrer gewähren; dessen immer noch intakte Autorität ließ den Wünschen des Schülers wenig Raum. Dem Kardinal wurde nur der im zweiten Brief vom 22. August 1595 geäußerte Wunsch erfüllt, ein Feld des Gewölbes auf ähnliche Art auszumalen, wie er es in Pesaro, in der Villa Imperiale seiner Großtante, der Herzogin Vittoria Farnese von Urbino, gesehen hatte. Die Stuckverzierungen wurden indessen entgegen seinen Vorstellungen nur durch Malerei vorgetäuscht, was freilich keine Auswirkungen auf das Programm Orsinis hatte. Der Antiquar beschränkte sich außerdem nicht nur darauf, Anweisungen in bezug auf die Sujets zu geben; er gab jedesmal, wenn es ihm möglich war, auch die antiken Vorbilder an, nach denen gemalt werden sollte, wobei er weitgehend auf die ihm anvertraute Antikensammlung zurückgriff.[178] Der Anteil Orsinis an der Ausarbeitung des Programms für das Camerino ist hinreichend belegt. Das Quellenmaterial läßt darauf schließen, daß die Rolle des Antiquars bereits bei der Wahl des Sujets ausschlaggebend war.

Galerie:

Von der Absicht,
mit der Darstellung der Götterliebschaften
Clemens VIII. herauszufordern

Der Mangel an Quellen erlaubt keine ebenso eindeutige Aussage, was das Programm der Fresken in der Galerie betrifft. Diese sind ebenfalls mythologischen Inhalts, aber ihr stark erotischer Charakter geht schwerlich auf den Einfluß Orsinis zurück. Orsini mit seiner profunden Kenntnis der Antike wirkte zweifellos am Programm mit, doch im Rom Clemens' VIII. durfte sich kein Antiquar die Freiheit herausnehmen, ein derart kompromittierendes Sujet zu wählen. Ebensowenig konnte eine solch heikle Entscheidung einem Maler überlassen werden. Die Verantwortung für ein Programm dieser Art konnte nur der Kommittent selbst übernehmen, besonders wenn es sich, wie in diesem Fall, um die antiken Götter handelte, deren bloße Nennung schon ein Problem für das christliche Gewissen darstellte. So hatte Paleotti entschieden die immer noch weitverbreitete Gewohnheit kritisiert, die antiken Götter in der Kunst abzubilden: «Obwohl Christus sein Blut vergoß, um ihr Andenken auszulöschen», schrieb er, «scheint es doch so, daß viele Christen anstatt diesen Christus, der die Jupiter und Junonen besiegte, darzustellen, lieber das Andenken jener Götter mit Meißel und Pinsel erneuern.»[179]

Ein Blick auf die unter dem Pontifikat Clemens' VIII. in den römischen Palästen ausgeführten Dekorationsarbeiten zeigt nur eine Ausnahme zu Gunsten der antiken Götter. Es handelt sich um die Fresken in der Loggia Orsini. Sie sind dem Thema *Omnia vincit amor* gewidmet und wurden, wie es scheint, um 1594–95 vom Cavalier d'Arpino im Orsinipalast im Stadtviertel Parione (heute Eigentum des «Sodalizio dei Piceni») gemalt. Der Auftraggeber war Corradino Orsini, Sohn von Vicino, dem berühmten Schöpfer des Gartens in Bomarzo, den sein antikonformistischer Vater zum Kult des heidnischen Altertums erzogen hatte.[180] Wie oben schon erwähnt, war Orsini 1593 in Konflikt mit der päpstlichen Justiz geraten und hatte, nachdem er den Kerker gekostet hatte, wohl kaum Lust, sich den Zensurbestrebungen, die das Pontifikat Clemens' VIII. kennzeichneten, anzupassen. Die Wahl eines so kompromittierenden Themas für die Fresken in der Loggia hatte vielmehr den Charakter des Hohns, ganz wie es dem Charakter des Auftraggebers entsprach. Dies alles mußte noch aufreizender erscheinen, wenn man bedenkt, daß der mit der Ausführung der Fresken beauftragte Cavalier d'Arpino der bevorzugte Maler von Kardinal Pietro Aldobrandini war, der, obwohl ein Liebhaber von dergleichen mythologisch-erotischen Sujets, aus Angst vor dem Onkel es doch nie wagte, einen seiner Paläste mit solchen Fresken auszuschmücken.

Am 22. Oktober 1593 richtete Orsini an Kardinal Odoardo, dessen Freund und Vertrauter er seit vielen Jahren war, einen scherzhaften Brief, um ihm anzukünden, «daß Corradino Orsino glaubt, sein 9500 Skudi teueres Haus nur deshalb erworben zu haben, um dem Kardinal dienstbar zu sein». Ganz in der Nähe wohnte in der Tat eine Schwester der besagten Macarani, «so daß ihr schönen jungen Leute, falls ihr auf dem Feld spazierengehen und euch gelegentlich vor dem Regen schützen müßt, hier Unterschlupf finden könnt». Bei dem erwähnten

Haus handelte es sich mit großer Wahrscheinlichkeit um den Palast in Parione, obwohl die Kaufurkunde vom 24. November 1593 nur einen Preis von 7000 Skudi nennt. Bedeutsamer ist in diesem Zusammenhang jedoch, daß der Inhalt des Briefes und das Thema der Fresken verwandt sind. Giovanni Baglione, ein in erotischen Sujets ebenso erfahrener Maler wie der Cavalier d'Arpino, bewunderte auf diesen Fresken «die nackten Figuren verschiedener sehr schöner Frauen». Zum Schluß seines Briefes wiederholte Orsini sein Angebot noch einmal: «Nichts anderes als die Dienstbarkeit Euer Durchlaucht gegenüber ... hat mich bewogen, diesen Kauf zu tun.»[181] Es ist also sehr wahrscheinlich, daß Kardinal Odoardo in der Folgezeit über die Fresken unterrichtet wurde und sie wie eine boshafte Aufforderung im Gedächtnis behielt, denn sie erinnerten mit ihrem ero-

Grabmal Papst Pauls III. in der Peterskirche, Rom (Detail)

tisch-mythologischen Sujet auch an die Fresken, die Raffael in der Farnesina, der von Kardinal Alessandro 1579 erworbenen und seinem Großneffen zum Nießbrauch überlassenen Villa in Trastevere, gemalt hatte. Sie hatten die Liebschaften der Götter zum Thema und gelten nach alter Tradition als das direkteste Vorbild für die Galerie im Palazzo Farnese. Orsinis Beispiel zeigte, daß ihr verführerischer Reiz auch in den dunklen Zeiten des Pontifikats Clemens' VIII. wiederaufleben konnte.[182]

Corradino Orsini gegenüber besaß Kardinal Odoardo einen Vorteil und einen Nachteil: Er war ein Farnese und Bruder des Herzogs von Parma, der wie Orsini ein Vasall der Kirche, aber dennoch ein souveräner Fürst war; zugleich war Odoardo aber auch Kardinal und als Kirchenfürst mehr als jeder Laie dem Papst zum Gehorsam verpflichtet. Kardinal Paleotti hatte nicht versäumt, in seinem Traktat auf die besonderen Pflichten der Geistlichen hinzuweisen. Doch obwohl er nach Rom übergesiedelt war, 1594 die lateinische Übersetzung seines Traktats veröffentlicht und den Papst selbst und verschiedene Kollegen im Kardinalskollegium für seine Zensurbestrebungen interessiert hatte, ist es trotzdem unwahrscheinlich, daß Kardinal Farnese etwas davon erfuhr. Schwerlich übersah er dagegen eine ihm 1591 von Fabio Albergati gewidmete *Del cardinale* betitelte Schrift, in der der Verfasser beredt auf die Pflichten eines Kardinals, «der als Fürst geboren ist», in Fragen der Malerei hinwies. Die Wahl der Gegenstände, schrieb Albergati, solle ihn «in seinem Habitus der Tugend» bestätigen, indem er Malereien «voller Wollust», fernhalte und seine Aufmerksamkeit allein auf «die moralische Darstellung der Standhaftigkeit, Freigiebigkeit, Mäßigkeit und vor allem der Barmherzigkeit und Frömmigkeit richte».[183]

Sein ganzes Wesen als Mensch und als Farnese führte Odoardo Farnese dazu, erotische Sujets besonders anziehend zu finden, aber seine Kardinalswürde stellte für die Verwirklichung dergleichen künstlerischer Ambitionen ein großes Hindernis dar, das in Zeiten wie jenen schwer aus dem Weg zu räumen war. Die Dekoration des Camerino zeigt, daß er anfänglich diesen Weg auch nicht einzuschlagen wagte, und vielleicht hätte er ihn überhaupt nicht beschritten, wenn ihn sein Stolz und die Rivalität zur Familie des Papstes nicht dazu getrieben hätten. Zwei Episoden aus früheren Jahren machen die Gründe deutlich, die Kardinal Odoardo zur Wahl der Sujets für die Ausmalung der Galerie bestimmten.

Als Clemens VIII. am 2. Juli 1592 die Peterskirche visitierte, machte er auch vor dem Grabmal Pauls III. halt, das Guglielmo Della Porta im Jahre 1574 fertiggestellt hatte. Hier störten ihn die vier zum Schmuck angebrachten, weiblichen Figuren. Er fand sie unzüchtig und befahl, sie zu entfernen oder doch wenigstens zu bedekken. In den auf die Visitation bezüglichen Dekreten steht geschrieben: «Die Statuen auf dem Grab Papst Pauls III. seligen Angedenkens sollen entfernt oder so bald wie möglich auf anständigere Weise bedeckt werden.»[184] Kardinal Odoardo hielt sich damals gerade nicht in Rom auf. Anfang Juni hatte er sich nach Parma begeben, von wo aus er erst Ende November zurückkommen sollte.[185] Erst bei seiner Rückkehr erfuhr er von der Visitation und dem Wunsch des Papstes, Änderungen am Grabmal Pauls III. vorzunehmen. Die Statuen zu entfernen, kam für ihn natürlich nicht in Frage. Wahrscheinlich verhandelte er mit Clemens VIII. über einen Kompromiß; man einigte sich auf die zweite Alternative, die sich allerdings auf die besonders aufreizende, nackte Justitia beschränken sollte. Mit einer Zahlungsanweisung an die Bank von Tiberio Ceuli vom 2. April 1593 gewährte der Kardinal Teodoro Della Porta, Guglielmos Sohn und Nachfolger im Handwerk, 50 Skudi Vorschuß für «das Metallkleid, das er für die nackte, die Justiz vorstellende Marmorstatue auf dem Grab unseres Papst Pauls heiligen Angedenkens machen soll».[186] Teodoro brauchte zwei Jahre für die Arbeit. Erst Ende 1595 war das Metallkleid fertig, wie ein «Avviso» am 6. Dezember nach Florenz meldete: «Die Reformer hier haben einer marmornen Frauenstatue neben der Statue Pauls III. beim Apostelaltar in St. Peter die Brustwarzen, die Brust und andere bloße Stellen am Schenkel mit Bronze bedecken lassen, denn sie waren ihnen zu aufreizend, zur großen Empörung des Herrn Kardinals Farnese, da Marmorstatuen dieser Art bei der Betrachtung noch nie Begierde erweckt haben, wenn diese Statue auch einen bis zum Rand des natürlichen Gefäßes hin bloßen Schenkel zeigt.»[187]

Die Empörung Kardinal Odoardos ist verständlich, wenn auch nicht vergessen werden darf, daß die Blöße der Statue schon seinem Großonkel, dem Kardinal Alessandro, der die Arbeit Guglielmo Della Portas aufmerksam überwachte, Probleme aufgegeben hatte. Kurz vor der Einweihung des Grabmals kamen ihm Bedenken, so daß er dem Künstler sogar Anweisung gab, alle vier Statuen, vor allem aber die Justitia, zu bedecken.[188] Die in Zeiten der Gegenreformation nicht unbegründete Furcht, einen Skandal zu provozieren – Michelangelos Nackten in der Sixtinischen Kapelle waren bekanntlich Schlüpfer verpaßt worden –, ließ den Kardinal im letzten Augenblick zaudern, aber nicht lange: Schon bald überwand er seine Unschlüssigkeit und enthüllte das Grabmonument mit den vier Frauen in ihrer ganzen Blöße, ohne daß dies damals beanstandet worden wäre.

Die Schönheit der vier weiblichen Figuren blieb freilich nicht unbemerkt. Montaigne sah das Grabmal 1581 und erwähnt in seinem *Journal de voyage* eigens «die schöne Frau zu Füßen Papst Pauls III. in der neuen Peterskirche». Auch der holländische Reisende Arnold von Buchell ließ sich 1588 von der Blöße der vier Statuen beeindrucken. Er überliefert auch eine der frühesten Versionen der Legende, die sich jahrhundertelang um die Statuen rankte, von denen zwei in der Zeit Urbans VIII. vom Grabmal entfernt und in den Farnesepalast gebracht wurden, wo sie sich heute noch befinden. Der von Buchell aufgezeichneten Legende zufolge stellten die vier Statuen die vier Konkubinen des Papstes dar.[189] Während des Pontifikats von Clemens VIII. war die Legende also schon im Umlauf, und es könnte nicht ausgeschlossen sein, daß sie den Entschluß beeinflußte, die Statuen zu bedecken.

Die am 17. März 1596 – einem Sonntag – erfolgte Verhaftung des Abate Tiburzio Burzio, eines Höflings der Farnese, der schon der Haushofmeister von Kardinal Alessandro gewesen war, war die zweite entscheidende Episode. Burzio wurde im Haus seiner Geliebten in Trastevere überrascht, als er zusammen mit ihr und ihrem Mann «in lieblichem Gespräch zu Tische saß». Kardinal Odoardo, «der dem gefangenen Abate Tiburzio sehr zugetan war», begab sich zum Papst, um sich bei ihm für seinen Diener zu verwenden. Clemens VIII. antwortete ihm jedoch, daß der Abate zwar kein großes Verbrechen begangen habe, es aber gut sei, ihn ein wenig zu demütigen. Burzio blieb in der Tat drei Monate im Gefängnis und wurde erst Ende Juni wieder entlassen.[190] Für Kardinal Odoardo waren seine Diener wie Teile des eigenen Körpers, was ihnen angetan wurde, empfand er wie eine Attacke gegen die eigene Unversehrtheit. Der Grund für die Verhaftung war zudem moralischer Natur und hing mit der erbitterten Moralkampagne des Papstes zusammen. Es war wie ein Stich in die offene Wunde, welche die für ihn so verletzende Affäre der Statue der Justitia auf dem Grabmal Pauls III. aufgerissen hatte. Er war sicher derart außer sich über die Behandlung Burzios, daß er darauf sann, dem kleinlichen, bigotten Papst die in seiner Familie traditionell geübte Vorurteilslosigkeit und Freiheit der Sitten, die sich für die Farnese eng mit dem Kult der heidnischen Antike verband, mit einer eklatanten Geste ins Gesicht zu schleudern. Es dauerte freilich noch eine Weile, bevor die Empörung des Kardinals in den Entschluß einmündete, zur Herausforderung des Papstes in der Galerie des römischen Palastes die Liebschaften der antiken Götter darstellen zu lassen.

Um den vollen Inhalt dieses Entschlusses zu begreifen, darf ein Umstand von einer gewissen Bedeutung nicht außer acht gelassen werden: Der Papst liebte es bekanntlich, die römischen Paläste mit seiner Gegenwart zu beehren. Im April 1594 äußerte er auch den Wunsch, im kommenden Sommer im Palast der Farnese zu residieren. Dieser wurde ihm natürlich sofort zur Verfügung gestellt. Kardinal Odoardo zog sich nach Caprarola zurück und tat seine Absicht kund, nach der Rückkehr in der Farnesina in Trastevere zu logieren. Im Juli war noch einmal davon die Rede, daß Clemens VIII. im Palazzo Farnese zu wohnen gedenke, dann wurde nichts mehr davon laut.[191] Der schönste Palast von Rom zog den Papst offenbar unwiderstehlich an, wenn ihn auch die Feindseligkeit gegenüber seiner eigenen Familie, die ihm innewohnte, nahelegte, auf einen Aufenthalt oder nur einen Besuch dort zu verzichten. Als Anfang 1599 die Verhandlungen über die Heirat Ranuccios mit der Nichte des Papstes sich dem Abschluß näherten, hoffte Kardinal Odoardo wiederum, den Papst in seinem Palast empfangen zu können. Aber jetzt wollte er mit Rücksicht auf die eingegangene Verwandtschaft und die damit verbundenen Vorteile Clemens VIII. nicht mehr brüskieren; nun lag ihm vor allem daran, den Papst durch die Zurschaustellung der Macht und des Prestiges seiner Familie zu beeindrucken. Dazu schien ihm der Große Saal, auf dessen Wänden die Ruhmestaten seines Vaters verherrlicht werden sollten, besser geeignet als die Galerie, deren Freskierung er wahrscheinlich schon vor dem Eheprojekt ins Auge gefaßt hatte.[192]

Doch auch diesmal widerstand Clemens VIII. der Versuchung, den Palast der Farnese zu betreten. Seine symbolische Funktion zog ihn an und stieß ihn zugleich wieder so heftig ab, daß er den Herzog von Parma sogar daran zu hindern suchte, dort Wohnung zu nehmen, als er zur Verlobung und zur Heirat nach Rom kam. Am 14. Januar 1600 berichtete Giovanni Niccolini Großherzog Ferdinando, daß der Papst nicht daran denke, Ranuccio zu erlauben, den Vatikan zu verlassen, wo der Herzog sein Gast war. Auf die Einwände Ranuccios habe er gesagt, daß, «so lange seine Heiligkeit am Leben sei, der Vatikanpalast seine Herberge sein müsse und daß der Palast am Campo dei Fiori dem Kardinal Farnese und nicht ihm gehöre, und er deshalb wolle, daß er in St. Peter bleibe». Ranuccio mußte lange auf seinem Wunsch bestehen, bevor ihm gestattet wurde, zu seinem Bruder zu ziehen. Hinter den Höflichkeitsfloskeln, die der Papst bei jedem Besuch des Herzogs in Rom wiederholte, läßt sich das zwiespältige Gefühl von Anziehung und Abstoßung spüren, das der Papst für den Palast empfand, der schon durch sein bloßes Dasein die Rivalität evozierte. Clemens VIII. betrat den Palast während seines ganzen Lebens kein einziges Mal, aber er konnte seine Neffen nicht daran hindern, dort zu verkehren, seitdem die Hochzeit seiner Nichte mit Ranuccio die Familien Farnese und Aldobrandini verschwägert hatte. Nach einem Bericht Niccolinis an den Großherzog vom 16. Mai 1600 begaben sich die Kardinäle Pietro und Cinzio ganz verstohlen in den Farnesepalast, indem sie, um nicht aufzufallen, mit ihren Kutschen einen Umweg durch Trastevere machten, als ob das Betreten des Palastes sie in ein schiefes Licht setzen würde – und sei es nur in den Augen des Onkels.[193]

Da es Odoardo nicht gelang, Clemens VIII. zu einem Besuch in seinem Palast zu bewegen, mußte er mit dessen Neffen vorlieb nehmen. Tatsächlich lud er Kardinal Pietro Ende Mai 1601 zur Einweihung der fertigen Fresken ein. Pietro war von ihnen so beeindruckt, daß er dem Maler, der sie geschaffen hatte, sofort ein Gemälde in Auftrag gab und ihn mit einer Goldkette im Wert von 200 Skudi entlohnte.[194] An der Kette hing eine große Medaille des Heiligen Vaters, der so wenigstens *in effigie* den Farnesepalast betrat. Das Gemälde von Annibale Carracci («Noli me tangere», heute in der National Gallery in London) stellt ein religiöses Sujet dar, als ob damit ein Gegengewicht zu den erotisch mythologischen Fresken der Galerie geschaffen werden sollte. Kardinal Pietro war im Grunde kein Verächter von dergleichen Malereien, aber dieses Mal trat er sozusagen als Kardinalnepot und Vertreter des Heiligen Vaters auf, nachdem dieser sich nicht dazu herabließ, persönlich den Palast zu besuchen.

Es ist sehr wahrscheinlich, daß Kardinal Pietro seinem Onkel von dem, was er im Palazzo Farnese gesehen hatte, berichtete, wenn dies auch nicht dokumentiert ist. Zu jenem Zeitpunkt waren die Beziehungen zu den Farnese dank der Heirat, die die beiden Familien verbunden hatte, sehr freundschaftlich. Offene Kritik oder gar Verdammung wären also völlig fehl am Platz gewesen. Dennoch scheint der Papst einen Vorwurf – vielleicht dem Maler gegenüber, da er nicht an den Auftraggeber gerichtet werden konnte – nicht ganz unterdrückt zu haben. Ein Indiz hierfür ist möglicherweise die Erzählung von Carlo Cesare Malvasia, dem Bologneser Biographen der Carracci, derzufolge Agostino Carracci sich der ihm von Clemens VIII. angedrohten Strafe nur durch die

Skizze für die Galleria Farnese von Agostino Carracci

Fresko von Agostino Carracci in der Galleria Farnese

Flucht habe entziehen können, denn den Papst habe angesichts der berühmten, unter dem Namen *Lascivie* bekannten, erotischen Kupferstiche Agostinos ein heiliger Zorn ergriffen. Die von Malvasia erzählte Geschichte scheint jedoch eher einer anderen Episode nachgebildet; auch der Kupferstecher Marcantonio Raimondi war nämlich von Papst Clemens VII., dem gleichnamigen Vorgänger Clemens VIII., wegen ähnlicher Stiche – der *Modi* – ins Gefängnis geworfen worden. Vasari, dessen Werk Malvasia gut kannte, berichtet auch, daß Giulio Romano, der die Zeichnungen zu den Stichen anfertigte, «vom empörten Papst hart bestraft worden wäre, wenn er sich nicht schon nach Mantua begeben hätte».[195] Dafür daß Agostino in Venedig, wo die *Lascivie* gedruckt wurden, Schwierigkeiten mit der Zensur gehabt hätte, fehlt jeder Hinweis. Vielleicht bezog sich aber die Nachricht von Agostinos Flucht wegen der *Lascivie*, die Malvasia möglicherweise in verzerrter Form erreichte, in Wirklichkeit auf die Galerie.

Agostino nahm an der Ausmalung der Galerie teil; zwar stammen von seiner Hand nur zwei Felder des Deckengewölbes, doch ist deren erotischer Charakter besonders ausgeprägt. Bekannt ist auch, daß sich Agostino auf einem der beiden Felder[196] zu weit vorwagte und damit einen zensorischen Eingriff provozierte – wahrscheinlich von seiten des Auftraggebers selbst. Je mehr sich die Heiratsverhandlungen einem glücklichen Abschluß näherten, desto weniger war Kardinal Odoardo geneigt, die erotische Provokation weiter zu treiben. Als ihm der Karton, auf dem der Mann seine rechte Hand auf die Scham der völlig nackten Frau legt, zur Kontrolle vorgelegt wurde, muß er befohlen haben, zwischen Hand und Scham das Tuch einzuschieben, das jetzt auf dem Fresko zu sehen ist.[197] An eine negative Reaktion von seiten Clemens' VIII. läßt auch der Kurswechsel denken, der sich auf den Wandfresken erkennen läßt. Hier bleibt jeder Bezug auf mythologisch erotische Sujets ausgespart; an deren Stelle treten moralisierende Themen, die offenbar ein Gegengewicht zur Herausforderung der Deckenfresken bilden sollten. Ein ähnliches Bemühen, den Verstoß wiedergutzumachen, verrät auch die Art, wie die Galerie vollendet wurde. In eigens dafür bestimmten Nischen wurden antike Statuen aufgestellt, deren Blöße schwerlich beanstandet werden konnte und die in gewissem Sinne die nackten Figuren an der Decke rechtfertigten. Man trug auch Sorge, daß von den Statuen nur die männlichen nackt, die weiblichen aber bekleidet waren. Keine einzige Venus – in der Antikensammlung des Palasts gab es mehrere – fand Eingang in die Galerie. Auch die Venus Kallipygos, die Lieblingsstatue des Kardinals, mußte draußen bleiben.[198]

Das Täuschungsmanöver überzeugte die Nachfahren allerdings nicht. Trotz des von Bellori unternommenen Versuchs, die Fresken mit einem dichten Schleier von (wer sagt's schon!) neuplatonischem Gewebe zu verhüllen, ließen sich die Moralisten nicht beirren. Gegen Ende des Jahrhunderts übernahm der große La Bruyère die Aufgabe, das ganze Unternehmen im Sinne des christlichen Gewissens abzuurteilen, indem er schrieb: «Daß die Schweinereien der Götter, Venus, Ganymed und die anderen Blößen Carraccis für Kirchenfürsten, die sich für Nachfolger der Apostel ausgeben, gemalt wurden, beweist Palazzo Farnese.»[199]

Doch auch schon vor dem Verdammungsurteil La Bruyères zeichnete kurz nach dem Tod Kardinal Odoardos ein Biograph des Hl. Roberto Bellarmino eine Anekdote auf, die ebenso anschaulich die christliche Reaktion gegenüber den in den Palästen dargestellten Nacktheiten beschreibt. Bellarmino, der einen Kardinal besuchte, «bat diesen, er möge doch einige Nackte bekleiden, die er beim Betreten des Palastes gesehen habe, denn sie würden im Winter, der nahe sei, sicher frieren». Der Biograph behauptet, daß besagter Kardinal diesen Wink verstanden habe: «Da er vor seinen Worten große Ehrfurcht hatte, nahm er sich gleich vor, die Gestalten zu bedecken, da er sie, weil sie *a fresco* auf die Wand gemalt waren, nicht entfernen konnte.»[200] Der Name des Kardinals wird aus verständlicher Rücksicht gegenüber einem Kirchenfürsten nicht genannt, aber es ist sehr gut möglich, daß es sich gerade um Odoardo Farnese handelte, dessen enges Verhältnis zum heiligen Jesuitenkardinal bekannt ist. Nur wenige der Kardinäle, mit denen Bellarmino verkehrte, residierten außerdem in Palästen, in denen nackte Figuren auf Decken- und Wandfresken zu sehen waren.

Dem Maler war zweifellos weiter Spielraum bei der Ausführung des vorgegebenen Themas gelassen worden; vielleicht durfte er sogar selbst die einzelnen Szenen der Götterlieben auswählen und ihren Platz an der Decke bestimmen.[201] Die Tatsache jedoch, daß die Moralhüter nicht den Maler, sondern den Kardinal beschuldigten, bestätigt die Annahme, daß der Auftraggeber als Besitzer und Bewohner des Palastes die Verantwortung für das Thema der Fresken trug.

Galerie:

Über die Datierung der Fresken

Bei einer vor kurzem durchgeführten Untersuchung des Deckengemäldes fand Giuliano Briganti, versteckt im unfreskierten Raum über der Einfassung der Haupttür zur Galerie, drei Daten, die von unten nicht sichtbar sind. Das erste Datum – 1598 – ist flüchtig mit einem in rote Erde getauchten Pinsel hingemalt; das zweite – 1599 – wurde von anderer Hand mit einem Bleistift auf die Wand geschrieben; das dritte schließlich – 16. Mai 1600 – ist wiederum mit dem Pinsel gemalt, aber mit dunklerer Farbe.[202]

Das erste Datum – 1598 – darf ohne weiteres auf den Beginn der Freskierungsarbeiten in der Galerie bezogen werden. Die Fresken im Camerino, mit deren Ausführung Annibale Carracci im Sommer 1595 begonnen hatte, waren im Sommer 1596, als Kardinal Odoardo seinen Bruder um die Rücksendung des Bildhauers Moschino bat, um die Statue des Vaters zu vollenden, zweifellos fertiggestellt. Die Tatsache, daß der Kardinal sich ausgerechnet damals wieder an die Statue erinnerte, weist darauf hin, daß die momentane Arbeitslosigkeit des Malers erneut das Problem der Ausmalung des Großen Saals aufwarf, für die Odoardo Farnese ursprünglich seinen Bruder um die Entsendung von Agostino und Annibale Carracci gebeten hatte. Die Bitte, Moschino nach Rom zu schicken, war freilich nur ein Vorwand. Dahinter verbarg sich die Absicht, die Freskierung des Großen Saals wiederum auf unbestimmte Zeit zu vertagen und Annibale Carracci, der nach der Abreise seines Bruders allein in Rom geblieben war, mit anderen Arbeiten zu beschäftigen. Kardinal Odoardo brütete nämlich schon länger über dem großen Plan, die Galerie ausmalen zu lassen, um dem Papst Schach zu bieten. Die Ausarbeitung des Programms und die nötigen Vorarbeiten erforderten aber noch einige Zeit, so daß sich Annibale wahrscheinlich erst Anfang 1598 an die Arbeit machen konnte.

Das zweite Datum muß mit dem römischen Aufenthalt Agostino Carraccis in Zusammenhang gebracht werden. Einem Brief des Antiquars und Kupferstechers Pietro Stefanoni an den Bologneser Naturforscher Ulisse Aldrovandi vom 23. Januar 1599 war die Zeichnung eines Insekts beigelegt, die Agostino in Rom ausgeführt hatte, wo er in der Werkstatt Stefanonis verkehrte. Nach Rom war Agostino wahrscheinlich erst kurz vor dem obigen Datum gekommen, vielleicht in den letzten Monaten von 1598, denn im Laufe jenes Jahres hatte er das Portrait der Bologneser Dame Anna Parolini Guicciardini gemalt, die auch in Bologna wohnte. In einem am 20. August 1599 von Rom aus an seinen Vater gerichteten Brief verbreitet sich Giovanni Battista Bonconte, ein Schüler Annibales, über die Mühen des Meisters bei den Malarbeiten im Palazzo Farnese. Agostino erwähnt er dabei nicht; Annibales Bruder hatte zu diesem Zeitpunkt Rom offenbar schon wieder verlassen. Dies läßt auch eine Zahlung vermuten, die Ranuccio Farnese ihm am 16. Juli 1599 für ein Portrait anweisen ließ. Agostino hatte es sehr wahrscheinlich in Bologna, wenn nicht sogar in Parma, in Gegenwart des Herzogs, gemalt.[203]

Agostino war nach Rom gekommen, um seinem Bruder zu helfen. Annibale hatte ihn wohl in einem Augenblick des Verzagens vor den großen Schwierigkeiten, die sich ihm stellten, zu sich gerufen, obwohl er ihn anfangs daran gehindert hatte, mit ihm nach Rom zu gehen.[204] Im Frühsommer 1599 verließ Agostino die ewige Stadt aber wieder, als Kardinal Odoardo die Arbeiten in der Galerie unterbrach, um den Großen Saal, in dem er Clemens VIII. zu empfangen hoffte, ausmalen zu lassen. Ein Hinweis auf diese Unterbrechung findet sich im Dokument über die Schätzung der im Palast vor dem 3. Februar 1600 ausgeführten Arbeiten; aus diesem geht hervor, daß die Galerie als Abstellraum für die sperrigsten Gegenstände aus der «Sala degli imperatori» diente, die ebenfalls von den Verschönerungsarbeiten im Palast betroffen war. Um die Arbeiten zu ermöglichen, wurden die Statuen und anderen Ausstattungsstücke entfernt; der Kamin und der berühmte Alabastertisch von Vignola[205] wurden in der Galerie abgestellt, wo zuvor die Gerüste der Maler abgeschlagen werden mußten. Daß die Gerüste tatsächlich entfernt wurden, belegt die Schätzung der vor dem 7. Januar 1601 ausgeführten Arbeiten, in der von der Wiederaufrichtung der Gerüste die Rede ist.[206]

Wie bereits oben gesagt wurde, lag zwischen der Schätzung und der effektiven Ausführung der Arbeiten oft ein Zeitraum von mehreren Monaten. Die Schätzung vom 3. Januar 1600 muß sich deshalb auf die Arbeiten beziehen, die im oben erwähnten Brief des Haushofmeisters Guidiccioni an Kardinal Odoardo vom 4. September 1599 genannt werden.[207] Die zweite Schätzung vom 7. Januar 1601 wurde zweifellos ebenfalls Monate nach dem Abschluß der Arbeiten durchgeführt. Wenn man dies bedenkt, ist es möglich, auch dem dritten Datum – 16. Mai 1600 – einen Sinn zu geben. Am 7. Mai 1600 war in Rom die Hochzeit zwischen Ranuccio und Margherita Aldobrandini gefeiert worden; sofort danach war das Brautpaar nach Parma aufgebrochen. Das Leben im römischen Palast mit allen Beschäftigungen nahm nach der mit der Hochzeit verbundenen Unruhe wieder seinen gewohnten Gang auf.

Die Freskierung des Deckengewölbes nahm noch ein weiteres volles Jahr in Anspruch, erst Ende Mai 1601 wurden die Fresken, wie wir sahen, in Gegenwart von Kardinal Pietro Aldobrandini enthüllt. Am 26. Oktober 1601 notierte der mährische Edelmann Zdenek Waldenstein in seinem Reisetagebuch einen Besuch im Palazzo Farnese, wo er das herrliche, nun vollendete Deckengewölbe bewunderte.[208] Wenn er die Galerie betreten konnte, so bedeutete dies, daß die Maler hier nicht mehr arbeiteten und die Fresken an den Wänden noch nicht ausgeführt waren. Eine dritte Schätzung ausgeführter Arbeiten mit dem Datum 8. Juli 1602 zeigt mit dem üblichen zeitlichen Abstand an, daß die Gerüste der Maler in der Galerie abgeschlagen wurden, und zwar endgültig.[209] Zum Schluß sei noch ein drittes, in der Forschung wohlbekanntes Datum erwähnt: MDC. Es wurde wahrscheinlich vor der Unterbrechung der Arbeiten auf die südliche Wand der Galerie gemalt, als man mit gutem Grund noch hoffen konnte, vor Ende des Jahres die Fresken zum Abschluß zu bringen.

Der Zeitraum zwischen der Vollendung der Deckenfresken und dem Beginn der Fresken an den Wänden war ziemlich lang. Kardinal Odoardo muß über die Zeichen von Mißbilligung, die der Papst ihm zukommen ließ, sehr besorgt gewesen sein, und zwar aus einem Grund, der, als die Liebschaften der Götter zum Thema gewählt wurden, noch nicht vorauszusehen war. Es handelte sich um seine englische Thronkandidatur, deren Unterstützung Clemens VIII. ihm zugesichert hatte. Kardinal Arnaud d'Ossat, der aktivste Vertreter der französischen Interessen im Kardinalskollegium, schrieb diesbezüglich an König Heinrich IV. von Frankreich, daß der Papst sich einbilde, nach dem Tod Königin Elisabeths den Herzog von Parma oder dessen Bruder, den Kardinal Farnese, der noch Junggeselle und deshalb für eine Heirat mit Arabella Stuart disponibel sei, zum König von England machen zu können. «Seine Heiligkeit», fügte er hinzu, «will diese beiden Fürsten mit allen seinen Gewalten, den geistlichen wie den weltlichen, unterstützen.«[210] Der Brief trägt das Datum 26. November 1601. Es ist leicht vorstellbar, daß Kardinal Odoardo seine Großtuerei bereute, die ihn dazu verleitet hatte, den Kardinalnepoten Pietro Aldobrandini zur Einweihung der Galerie einzuladen. Jetzt lag ihm nur noch daran, jede Reibung mit dem Papst zu vermeiden. Aber die Fresken waren nun einmal da, und er konnte sie schließlich nicht ungeschehen machen, nachdem die Aldobrandini sie gesehen hatten. Der Kardinal wußte nicht, wie er wieder aus der Sackgasse kommen sollte. Seine zunehmende Irritation entlud sich schließlich auf dem Maler, der das Thema zwar nicht gewählt, aber mit größtem Engagement ausgeführt hatte.[211]

Zuerst knauserte er mit der Bezahlung, dann machte er Pläne, Annibale Carracci durch einen Maler zu ersetzen, der das Vertrauen der Aldobrandini genoß. In der anekdotischen Überlieferung zur Galerie tritt der Name des Cavalier d'Arpino hervor, an den Kardinal Odoardo sich gewandt haben soll, um die Ausmalung der Galerie zu vollenden.[212] Der Cavalier d'Arpino hatte enge Beziehungen zu Kardinal Pietro Aldobrandini; zwischen 1602 und Anfang 1603 arbeitete er an den Fresken der Villa Aldobrandini in Frascati. Hier gestaltete er biblische Sujets unter strikter Vermeidung auch der kleinsten erotischen Anspielung. Das Programm stammte von Kardinal Silvio Antoniano, einem strammen Gefolgsmann Clemens' VIII., der seinerzeit Torquato Tasso vorgeschlagen hatte, im «Befreiten Jerusalem» auf Liebesgeschichten zu verzichten. In Frascati machte der Cavalier d'Arpino verschwenderischen Gebrauch von Feigenblättern, mit denen Adam und Eva in den Szenen, wo Nacktheit gefordert war, an den kritischen Stellen bedeckt wurden. Um Mißverständnissen vorzubeugen, bekam Adam auch ein Feigenblatt am Gesäß. Der Papst besuchte nämlich hin und wieder die Villa, und es war bekannt, wie sehr er die Sodomie verabscheute.[213] Mit dem Rückgriff auf einen für die Gefechte mit der Zensur so gut gerüsteten Maler wurde jedes Risiko vermieden, und es bestand Hoffnung, Verzeihung für die Fresken an der Decke zu erlangen, indem man die noch ausstehenden Fresken an den Wänden als Sühne offerierte. Doch es kam – aus welchem Grund auch immer – zu keiner Einigung mit dem Cavaliere.

Kardinal Odoardo muß aber auch daran gedacht haben, Carracci durch den Maler Cherubino Alberti zu ersetzen. Von diesem sind drei Zeichnungen erhalten, die sicherlich Vorstudien für die Wandfresken der Galerie sind.[214] Zusammen mit seinem 1601 verstorbenen Bruder Giovanni hatte Cherubino die Sala Clementina im Vatikan ausgemalt und wurde von Clemens VIII. sehr geschätzt.[215] Ihn zu berufen bedeutete, Clemens VIII. die größtmögliche Genugtuung zu geben. Indessen einigte sich Kardinal Odoardo auch mit diesem Maler nicht, obwohl die Verhandlungen, wie die Zeichnungen belegen, offenbar schon weit fortgeschritten waren.

Im Verlauf der Monate muß Kardinal Odoardo sich darüber klar geworden sein, daß er übertrieb. Denn wenn er einen der den Aldobrandini genehmen Maler der römischen manieristischen Schule, die er ursprünglich verworfen hatte, berief, verzichtete er auf das Verdienst, die Carracci nach Rom geholt zu haben, und machte das Prestige zunichte, das ihm als ihr Förderer und Herr daraus erwuchs. Gerade Kardinal Pietro hatte dieses Prestige anerkannt, als er Annibale Carracci das schon erwähnte Gemälde *Domine quo vadis?* in Auftrag gab. Diesem Auftrag folgte 1603 ein weitaus wichtigerer: Annibale malte für Kardinal Pietro die berühmten *Lunette Aldobrandini,* die für die Kapelle von dessen römischem Palast, dem heutigen Palazzo Doria Pamphili, bestimmt waren.[216] Kardinal Odoardo legte in der Tat Wert auf das Verdienst, die Bologneser Maler nach Rom gerufen zu haben. Dies belegt eine Anekdote, die der venezianische Antiquar Marco Boschin überliefert. Um die Carracci vor den Verleumdungen, die die Manieristen in Rom gegen die beiden Bologneser Maler in Umlauf brachten, in Schutz zu nehmen, soll der Kardinal mit Erfolg zu einer List gegriffen haben. Er gab einige Gemälde der Carracci für Werke anderer Künstler aus, die von auswärts gekommen waren, so daß sie für Werke von Correggio und Parmigianino gehalten und als solche gelobt wurden.[217] Die Sorge des Kardinals hatte ihren guten Grund: Odoardo Farneses einziges historisches Verdienst besteht in der Tat darin, die Carracci in Rom eingeführt zu haben.[218]

Die politische Frage der englischen Thronkandidatur nahm in der gleichen Zeit eine immer ungünstigere Wendung und ließ dem Kardinal nur noch wenig Hoffnung. Der spanische Staatsrat versetzte dieser den letzten Stoß, als er Ende 1603 nach einer Diskussion beschloß, sich einer farnesischen Thronkandidatur zu widersetzen. Frankreich hatte sich schon im Dezember 1601 in diesem Sinne geäußert. Es war deshalb leicht vorauszusehen, daß auch Clemens VIII. bald seine eh schon schwache Unterstützung zurückziehen würde. Zwar ließ Kardinal Aldobrandini erst im Juli die Kandidatur der Farnese durch den Nuntius in Flandern dementieren, aber schon im Dezember 1602 hatte er sich wenig bereit gezeigt, sie zu fördern. Am 23. März 1603 starb Königin Elisabeth, tags darauf wurde Jakob Stuart zum König von England proklamiert. Die Illusionen des Kardinals verloren damit auch ihren letzten Halt.[219]

Fast gleichzeitig bezeugt eine Schätzung der Stuckarbeiten zur Vorbereitung der Wandfresken, daß die Arbeiten in der Galerie wieder aufgenommen worden waren. Das Dokument hat das Datum 28. April 1603. Vom 10. Mai an unterschrieb Annibale Atteste für die Berechnung der Arbeitstage, die der mit diesen Arbeiten beauftragte Maler ableistete. Von Annibale ist auch eine Quittung vom 10. Juli über Ausgaben für die Farben.[220] Dies alles bedeutet, daß die Arbeiten in der Galerie im Frühjahr 1603 wieder in Gang kamen und Annibale erneut mit ihnen beauftragt wurde. Dagegen wurde das Programm drastisch modifiziert. Man wich auf eine asexuelle, moralisierende Thematik aus wie seinerzeit im Camerino (der Triumph der Tugend über die Laster), nur daß jetzt auch noch die «Impresen», das heißt die persönlichen Sinnzeichen der Herzöge Alessandro und Ranuccio sowie der Kardinäle Alessandro und Odoardo auf den Wänden abgebildet wurden. In einer Liste von Büchern, die am 13. Dezember 1603 für Kardinal Odoardo gekauft wurden, ist auch die *Iconologia* von Cesare Ripa enthalten, das bekannte ikonologische Handbuch, aus dem die Maler jahrhundertelang schöpften. Es handelte sich höchst wahrscheinlich um die zweite, erstmals mit Illustrationen versehene Ausgabe, die sicher für das Programm der Wandfresken herangezogen wurde.[221] Am Programm wurde also Ende 1603 noch gearbeitet. Wahrscheinlich war der Maler selbst mit der Ausarbeitung beauftragt worden, wobei er sich freilich strikt an die Richtlinien des Kardinals halten mußte. Die Mitarbeit eines Literaten ist nicht bezeugt. Bellori nennt zwar den Namen von Giovanni Battista Agucchi, einem Vertrauensmann der Aldobrandini. Agucchi, der wie die Carracci aus Bologna stammte, war aber auch Kardinal Farnese und den beiden Malern wohl bekannt, denn er trat in jenen Jahren als Verkünder von deren Ruhm auf. Von ihm sind einige Schriften erhalten – darunter mehrere Programme für die Gemälde der Carracci –, aber die Tatsache, daß er an keiner Stelle von einer Mitarbeit an den Fresken der Galerie spricht, läßt an der Aussage Belloris zweifeln.[222]

Wann die Galerie vollendet wurde, ist unbekannt. Bekannt ist nur, daß Annibale die Ausführung der Fresken zum großen Teil seinen Schülern überließ und selbst im März 1605 die Arbeit wegen eines Schlaganfalls aufgab. Hiervon unterrichtete Kardinal Odoardo am 12. März den Herzog von Modena, Cesare d'Este, der ein Gemälde bestellen wollte. Wenige Monate später verließ Annibale, wie Giulio Masetti, der Agent der Este in Rom, an den Herzog schrieb, den Farnesepalast und zog in eine Mietwohnung in Trastevere um.[223] Sein Lohn wurde ihm, wie auch seinen drei Gehilfen, bis zu seinem am 15. Juli 1609 erfolgten Tod weiterbezahlt, doch geben diese Zahlungen keinen Aufschluß über die Lage in der Galerie.[224]

Erst spät haben wir eine Bestätigung dafür, daß die Galerie vollendet war. Dies bezeugt der Brief eines farnesischen Höflings namens Giovan Paolo Mari vom 4. Januar 1617. Der Brief enthält keine Hinweise, die für die Datierung nützlich waren, aber er zeigt die Galerie im Dienst der Funktion, die Kardinal Odoardo ihr zugewiesen hatte. Kardinal Odoardo hatte in der Galerie ein Bankett für den Sohn des Herzogs von Osuna und Vizekönigs von Neapel und die ihn begleitenden Kardinäle Borgia und Zapata ausgerichtet. Die Gäste wurden, wie Mari schreibt, «vom erlauchten Kardinal, unserem Herrn, in seiner vom verstorbenen Caracciolo ausgemalten Galerie bewirtet» – mit großem Aufwand von Silber, Kristall und Teppichen. Das Mahl umfaßte sechs Gänge, außerdem wurden viermal kandierte Früchte gereicht.

Die Menge der aufgetragenen Speisen war so groß, daß achtzehn Maultiere nötig waren, um den drei Musikern die sechs Gänge, die der Kardinal ihnen für ihre Darbietungen zum Geschenk gemacht hatte, ins Haus zu bringen. «Nach dem Mahl kamen der Perugino, der berühmte Musiker, der junge Kastrat des Herrn Aldobrandino und der Knabe des Herrn Luca Antonio Ferrari, von denen jeder zwei geistliche Gesänge vortrug.»[225] Ein Glück, daß wenigstens die Musik geistlich war.

Anhang

Anmerkungen

Abkürzungen:

A.S.C.R.	Archivio storico capitolino Roma
A.D.R.	Archivio Doria Pamphili Roma
A.G.S.	Archivo General de Simancas
A.S.F.	Archivio di Stato di Firenze
A.S.M.	Archivio di Stato di Mantova
A.S.N.	Archivio di Stato di Napoli
A.S.P.	Archivio di Stato di Parma
A.S.R.	Archivio di Stato di Roma
A.S.T.	Archivio di Stato di Torino
A.S.V.	Archivio Segreto Vaticano
B.A.V.	Biblioteca Apostolica Vaticana

1 P. Tomei, Un elenco di palazzi di Roma del tempo di Clemente VIII in: Palladio, III (1939), S. 172, 224; Der Avviso vom 14. Juli 1601 in: Avvisi di Roma della Biblioteca Casanatense di Roma, Ms. 983, c. 82 r. Roberto Bellarmino, Dichiaratione più copiosa della dottrina cristiana composta per ordine di N.S. papa Clemente VIII, Rom 1600, S. 160, 171, 174.

2 Die beiden Briefe von Alessandro und Ranuccio Farnese befinden sich zusammen mit anderen, die die Kontakte der Farnese zu den Aldobrandini vor der Wahl Clemens' VIII. bezeugen, in A.S.F., Carte strozziane, II, busta 342. Zu Tommaso Aldobrandini s. die «ruoli della famiglia» des Kardinals Alessandro Farnese vom 15. Juli bis 1. August 1564 in A.S.N., Archivio farnesiano, busta 2035. Der Brief der Herzogin Vittoria an Ranuccio vom 12. Mai 1587 befindet sich in A.S.P., Carteggio farnesiano estero, busta 492. Zum Zwischenfall von 1589 vgl. Protocollo farnesiano 1586–1604, in A.S.P., Carteggio farnesiano interno, busta 1080, cc. 49 v, 50 r, 161 r–v, 729 r–v. Die Avvisi di Roma, in

B.A.V., Urb. Lat. 1060, c68r (1. Februar 1592) registrieren die Erklärung des Papstes. Es handelte sich um eine Pension von 150 Skudi, wie aus einem Brief vom 11. Januar 1574 hervorgeht, in dem der Bischof von Spoleto Kardinal Alessandro Farnese bittet, ihn von der Zahlungsverpflichtung zu befreien (A.S.P., Carteggio farnesiano estero, busta 266.

3 Vgl. Avvisi di Roma, in B.A.V., Urb. Lat. 1060, cc. 79r, 148v, und die Depesche des Herzogs von Sessa in A.G.S., Estado, leg. 959.

4 Vgl. die drei Depeschen des Herzogs von Sessa vom 8., 9. und 26. April 1592 in A.G.S., Estado, leg. 959, aber auch die Avvisi di Roma, in B.A.V., Urb. Lat. 1060, cc. 130v, 190v, 191v, 196v–197r, 205r, 227v, 244r, 254v, 278v, 291v, 307v, 346v, und A.S.R., Arciconfraternita di San Giovanni decollato, busta 7, cc. 185r–v.

5 Roberto Bellarmino, Dichiaratione più copiosa della dottrina cristiana, a.a.O., S. 263. Der Brief Herzog Alessandros an Clemens VIII. vom 17. März 1592 befindet sich in A.S.V., Lettere di principi, 51, cc. 263r–v.

6 Zur Verhaftung von Corradino Orsini vgl. Avvisi di Roma, in B.A.V., Urb. Lat. 1061, cc. 472v–473r, 479v, 486r, 488v, 494r; Brief von Ranuccio an Odoardo Farnese, Parma, 28. August 1593, in A.S.P., Carteggio farnesiano interno, busta 183; La legazione di Roma di Paolo Paruta (1592–1595), hg. v. G. De Leva, I, Venezia 1887, S. 318, 328.

7 Zwei Briefe an Clemens VIII., einer von Ranuccio unter dem Datum 9. Oktober 1594 und ein weiterer von Kardinal Odoardo vom 22. Oktober 1594 (A.S.V., Arm. I–XVIII, Nr. 1562 und 1564) berichten von diesen Zwistigkeiten; vgl. auch die undatierte, für Ranuccio bestimmte Denkschrift von Kardinal Odoardo aus diesen Monaten (A.S.P., Carteggio farnesiano estero, busta 412). Zur Frage der Belehnung siehe den Aufsatz von G. Nori, Pomponio Torelli: una ignota missione diplomatica in Spagna (1598–1599), in: Archivio storico per le province parmensi, S. IV, XXIX (1977), S. 278ff. Die Depesche von Andrea Sorbolongo vom 22. September 1596 befindet sich in A.S.P., Carteggio farnesiano estero, busta 411.

8 Vgl. außer dem Bericht von Paruta auch den Bericht von Giovanni Dolfin aus dem Jahre 1598 in: Le relazioni degli ambasciatori veneti al Senato durante il secolo decimosesto, hg. v. E. Alberi, Serie 2, IV, Florenz 1877, S. 403, 477.

9 Die von Odoardo an Ranuccio gerichteten Instruktionen vom April 1595 wurden publiziert von A. Barilli, Maura Lucenia Farnese, in: Archivio storico per le province parmensi, N.S., XXIII (1923), S. 158f.

10 Roberto Bellarmino, Dichiaratione più copiosa della dottrina cristiana, a.a.O., S. 259f., 266ff.

11 Über die Ablehnung des Geschenks informierte ihn Alessandro Boccabarile am 21. Juli 1593: Carteggio farnesiano interno, busta 1080, c. 145v.

12 Vgl. die Briefe von Giovanfrancesco Aldobrandini an Kardinal Pietro Aldobrandini, seinen Cousin, vom 16. und 20. Februar sowie vom 25. Juli 1597, die Briefe von Ranuccio an Giovanfrancesco vom 20. April und 10. Juli sowie den Brief von Giovanfrancesco an Ranuccio vom 22. Juli 1597 in A.S.V., Lettere di particolari, 4, cc. 158r–161r, 297r–299r, 305r–306v, und dazu Avvisi di Roma, in B.A.V., Urb. Lat. 1065, c. 95v. Zur Einladung von Aldobrandini nach Parma siehe den Brief von Papirio Picedi an Ranuccio aus Rom vom 29. Januar 1597 in A.S.P., Carteggio farnesiano interno, busta 1080, c. 82r; hinsichtlich der Ablehnung des Pelzrocks den Brief von Ranuccio an Graf Niccolò Cesi aus Rom vom 23. Dezember 1599 in A.S.P., Carteggio farnesiano interno, busta 214.

13 Vgl. den Brief Ranuccios aus Parma vom 20. Dezember 1597 in A.S.P., Carteggio farnesiano interno, busta 204.

14 Avvisi di Roma, in B.A.V., Urb. Lat. 1065, cc. 240, 244r–v (23.–30. April 1597), sowie Documenti sul barocco a Roma, hg. von J. A. F. Orban, Rom 1920, S. 470–472.

15 Siehe den Brief von Kardinal Odoardo an Kardinal Pietro Aldobrandini vom 8. Oktober 1597 in A.S.V., Fondo Borghese, Serie I, 976g, sowie Avvisi di Roma in B.A.V., Urb. Lat. 1066, c. 244r (18. Februar 1598).

16 Vgl. Descritione del viaggio fatto dal duca Ranuccio Farnese a Ferrara per visitare P. Clemente VIII, Ferrara 1598.

17 Avvisi di Roma, in B.A.V., Urb. Lat. 1067, c. 500r–v; G. Bentivoglio, Memorie e lettere, hg. von C. Panigada, Bari 1934, p. 127.

18 Bezüglich des Heiratsprojekts mit der Tochter des Großherzogs von Toskana, das in Madrid auf keinen Beifall stieß, siehe das Schreiben Philipps II. an den Gouverneur von Mailand, den Konnetabel von Kastilien Juan Fernandez de Velasco, vom 18. Juni und das Schreiben des Konnetabels an den König vom 23. Oktober 1593 in A.G.S., Estado, leg. 1273, und Protocollo farnesiano 1586–1604, in A.S.P., Carteggio farnesiano interno, busta 1080, c. 137r (Lorenzo Celsi an Ranuccio Farnese, Mai–Juni 1593); bezüglich der geplanten Heirat mit Anna von Wittelsbach die Depeschen des farnesischen Gesandten in München vom September 1596 und das Konzept einer Depesche Ranuccios vom 13. September 1596 in A.S.P., Carteggio farnesiano estero, busta 3. Die Depeschen des Konnetabels von Kastilien vom 24. August und 19. September 1596 sowie das Antwortschreiben Philipps II. befinden sich in A.G.S., Estado, legg. 1280 und 1284. Vgl. auch Protocollo farnesiano, a.a.O., c. 22r (Kardinal Odoardo an Ranuccio, August–September 1597).

19 Zu den Verhandlungen mit Spanien siehe die Depeschen des Konnetabels von Kastilien vom 26. April und 4. Oktober 1598 in A.G.S., Estado, leg. 1285. Direkte Verhandlungen mit dem Erzherzog von Steiermark scheinen nicht stattgefunden zu haben; vgl. F. Hurter, Geschichte Kaiser Ferdinands II., IV, Schaffhausen 1851, S. 373, 478.

20 R. Keaveney, A. Fresco Cycle by Raffaellino del Colle in the Palazzo Rondanini, in: Antologia di belle arti, II (1978), S. 125ff.

21 N. Contarini, Delle istorie veneziane, in: Storici e politici veneti del Cinque e del Seicento, hg. von G. Benzoni und T. Zanato, Mailand–Neapel 1982, S. 263f. Auch Niccolini war bekannt, daß die Aldobrandini zuvor an den König von Frankreich gedacht hatten; vgl. seine Depesche an den Großherzog vom 27. Dezember 1599 in A.S.F., Mediceo del principato, busta 3315.

22 Vgl. hierzu die Depeschen des savoyischen Botschafters in Rom Filiberto Scaglia, Graf von Verrua, vom 11. August

und 2. Dezember 1599 in A.S.T., Lettere ministri, Roma, mazzo 18, Nr. 111, 146, 166.

23 Dies geht aus einem Brief hervor, den Kardinal Odoardo am 1. April 1598 von Rom an seinen Bruder schrieb; vgl. A.S.P., Carteggio farnesiano estero, busta 412.

24 A.S.P., Carteggio farnesiano estero, busta 413: Brief Giovanfrancesco Aldobrandinis an Herzog Ranuccio vom 17. September 1599.

25 A.S.F., Mediceo del principato, busta 3760: Brief des Kardinals Del Monte an den Großherzog vom 23. Dezember 1599.

26 Ebenda, busta 3315: Depesche Niccolinis vom 11. August 1599.

27 Protocollo farnesiano 1586–1604, in A.S.P., Carteggio farnesiano interno, busta 1080, cc. 31r–v. Kardinal Odoardo hatte sich schon im Vorjahr zu dem Versprechen verleiten lassen, den Bau des Mutterhauses zu unterstützen, woran ihn der General Claudio Acquaviva in einem Brief vom 16. Januar 1599 erinnerte. Acquaviva schrieb am 30. Januar auch an den Ordensbruder in Parma Pietro Paolo Saraceni, er solle in diesem Sinn auf Kardinal Odoardo einwirken, der sich gerade am Hof des Bruders befand; sollte dieser seinen Entschluß noch weiter hinauszögern, drohte er, sich an einen anderen Wohltäter zu wenden, der bereit war, an die Stelle des Kardinals zu treten. Im März 1599 schrieb Odoardo an den General, er wolle das Versprechen einhalten. Zweifellos wandte er sich an Bellarmino in der Überzeugung, daß dieser ihm seine Unterstützung beim Papst nicht verweigern würde, wenn er den Bau des Mutterhauses finanzierte. Wie Bellarmino die Sache aufnahm, ist nicht überliefert. Zu den Verhandlungen Kardinal Farneses mit Acquaviva vgl. P. Pirri, Giovanni Tristano e i primordi della architettura gesuitica, Rom 1955, S. 263f.; P. Pirri – P. Di Rosa, Il p. Giovanni De Rosis (1538–1610) e lo sviluppo dell'edilizia gesuitica, in: Archivum historicum Societatis Jesu, XLIV (1975), S. 26ff.

28 Hiervon berichtet der venezianische Botschafter Marco Venier im Jahre 1601. Vgl. Relazioni degli stati europei lette al Senato dagli ambasciatori veneti, hg. von N. Barozzi und G. Berchet, Serie III, Vol. II, Venedig 1877, S. 31.

29 Vgl. den Brief des Kardinals Del Monte vom 26. Dezember 1599 in A.S.F., Mediceo del principato, busta 3760.

30 A.S.P., Carteggio farnesiano interno, busta 214 und 1083: zwei Briefe Ranuccios an Graf Cesi vom 23. Dezember und an den Rechnungsführer Alessandro Danella vom 29. Dezember 1599.

31 Avvisi di Roma, in B.A.V., Urb. Lat. 1068, c. 281 r; vgl. auch E. Costa, Le nozze del duca Ranuccio I Farnese, in: Spigolature storiche e letterarie, Parma 1887, S. 43–62.

32 Vgl. die Briefe von Kardinal Del Monte vom 25. Dezember 1599 und 6. Januar 1600 in A.S.F., Mediceo del Principato, busta 3760 und 3761.

33 Roberto Bellarmino, Dichiaratione più copiosa della dottrina cristiana, a.a.O., S. 261.

34 Vgl. die beiden schon zitierten Briefe von Del Monte und Niccolini vom 18. bzw. 11. August 1599.

35 U. Benassi, I natali e l'educazione del duca Odoardo Farnese, in: Archivio storico per le province parmensi, n.s., IX (1909), S. 99 ff.

36 A.S.V., Secr. Brev., 303 ff., 157 r–160 r, 164 r–167 v.

37 Brief Niccolinis vom 13. Mai 1600 in A.S.F., Mediceo del Principato, busta 3316.

38 A.S.V., Segreteria di Stato, Spagna, 53, c. 301 v; 55, c. 122 v.

39 Der Brief Herzog Alessandros vom 18. November 1592 in A.S.V., Fiandra, 4, cc. 3 r–v; zur Ernennung von Conti vgl. P. Gauchat, Hierarchia catholica medii et recentioris aevi, IV, Münster 1935, S. 7.

40 Wie Niccolini berichtet, hatten die Farnese dem Papst außerdem für den erzbischöflichen Stuhl von Piacenza Claudio Rangoni vorgeschlagen; vgl. Niccolinis Brief vom 3. November 1599 in A.S.F., Mediceo del principato, busta 3315. Picedi wurde im Januar 1603 das Bistum Borgo San Donnino, Sanvitale im März 1604 das Erzbistum Bari übertragen. Vgl. P. Gauchat, Hierarchia catholica, a.a.O., S. 110 und 224.

41 A.S.V., Secr. Brev., 292 ff., 207 r–211 r.

42 Von den zahlreichen Quellen zur englischen Thronkandidatur von Kardinal Odoardo seien hier nur die wichtigsten angeführt: Lettres du cardinal d'Ossat, V, Amsterdam

1732, S. 44–58, 390–394; Calendar of State Papers relating to English Affairs, IV, Elisabeth 1587–1603, hg. von M. Hume, London 1899, S. 664, 721 f.; Correspondance d'Ottavio Mirto Frangipani premier nonce de Flandre (1596–1606), hg. von A. Louant, III–IV, Bruxelles–Rom 1942, ad indicem; Correspondance du nonce en France Innocenzo Del Bufalo (1601–1604), hg. von B. Barbiche, Rom–Paris 1964, ad indicem. Vgl. auch J. H. Pollen, The Question of Queen Elisabeth Succession, in: The Month, N.S., LXXIII (1903), S. 517 ff., 572 ff.; L. Hicks, Sir Robert Cecil, Father Persons and the Succession, 1600–1601, in: Archivum Historicum Societatis Jesu, XXIV (1955), S. 115, 117.

43 Vgl. Avvisi di Roma, in B.A.V., Urb. Lat. 1071, cc. 327v–328r.

44 Eine Rekonstruktion der römischen Ereignisse vom 23. August 1604 und ihrer Folgen, die allerdings nur auf den Depeschen des französischen Botschafters Béthune beruht, bei R. Couzard, Une ambassade à Rome sous Henri IV, Paris 1900, S. 307 ff. F. de Navenne, Rome et le palais Farnèse pendant les siècles, I, Rom 1923, S. 142 ff. zog auch die Depeschen des toskanischen Botschafters Niccolini heran (aus A.S.F., Mediceo del principato, busta 3320); L. Pastor, Geschichte der Päpste, XI, Freiburg i. Br. 1927, S. 193 ff., benutzte weitere Quellen aus den Archiven von Mantua und Venedig (unter diesen besonders wichtig die Depesche des venezianischen Botschafters Agostino Nani vom 25. August in Archivio di Stato di Venezia, Senato, 52). Diesen sind hinzuzufügen die Dokumente aus Spanien (A.S.G., Estado, legajos 979, 1487, 1857), aus Parma (A.S.P., Carteggio farnesiano interno, busta 241) und aus Rom (A.S.R., Tribunale del Governatore, Processi, busta 36, Nr. 29: August 1604, sowie Archivio Caetani, Roma, 23 agosto-13 novembre 1604). Vgl. außerdem: V. Siri, Memorie recondite dall'anno 1601 fino al 1640, I, Ronco 1677, S. 309 ff., und L. von Ranke, Die römischen Päpste in den letzten vier Jahrhunderten, Leipzig 1900, II, S. 206 ff.

45 T. Burzio, Narratione compendiosa della casa Farnese, in B.A.V., Chigi, F. VII. 177, c. 66r; G. Bentivoglio, Memorie, a.a.O., S. 131; V. Siri, Memorie recondite, a.a.O., S. 314.

46 Vgl. Avvisi di Roma, in B.A.V., Urb. Lat. 1073, cc. 342 v–343 r, 354 r, 358 r, 369 r (25. und 29. Juni sowie 2. und 7. Juli 1605) und die Depesche Niccolinis vom 24. Juni 1605 in A.S.F., Mediceo del principato, busta 3321.

47 R. Bellarmino, Dichiaratione più copiosa della dottrina cristiana, a.a.O., S. 155.

48 S. Cicatelli, Vita del padre Camillo De Lellis, hg. von P. Sannazaro, Rom 1980, S. 241.

49 A.S.V., Arm. IV, t.4, c.254.

50 Vgl. P. M. Baumgarten, Neue Kunde von alten Bibeln, Rom 1922, S. 28 ff. (mit vielen Details über die ständigen Ortsveränderungen).

51 Über die von Pius V. und Sixtus V. betriebene Politik der Ghettisierung der Kurtisanen vgl. J. Delumeau, Vie économique et sociale de Rome dans la seconde moitié du XVIe siècle, I, Paris 1957, S. 424 ff.

52 Die Edikte befinden sich in A.S.V., Arm. IV, t. 52, c. 5; t. 60, c. 214. Letzteres Edikt mit dem Datum 26. März 1592 wiederholt das Edikt vom 15. Februar, das nicht erhalten ist, aber in den Avvisi di Roma, in B.A.V., Urb. Lat. 1060, cc. 99 v, 100 r, 107 r, 112 r, 119 r, 122 r, 134 r–v, 148 r, 190 r, 239 r–v (vom 15., 22., 26. und 29. Februar, 4., 11. und 28. März, 15. April und 12. August 1592) erwähnt wird. Was den Fall der Kurtisane Marzia Conti anbelangt, vgl. Corrispondenza epistolare del sig. Santacroce, in A.S.C.R., Archivio Orsini, Serie I a, pacco 266, Nr. 81, 84, 85, 93, 135, 157, und pacco 345, Nr. 201 (März–Juli 1593).

53 Avvisi di Roma, in B.A.V., Urb. Lat. 1061, c. 227 v (24. April 1593); 1063, c. 974 v (23. Dezember 1595); 1065, cc. 360 v, 510 v (18. Juni und 23. August 1597); 1067, cc. 102 r, 403 v, 464 r, 575 r (6. Februar, 26. Juni, 24. Juli, 18. September 1599). Vgl. auch L. von Pastor, Geschichte der Päpste, a.a.O., XI, S. 620 f.

54 Le relazioni degli ambasciatori veneti al Senato durante il secolo decimosesto, a.a.O., S. 35 f.

55 Avvisi di Roma, in B.A.V., Urb. Lat. 1063, c. 974 v; 1064, cc. 35 r–v, 53 v–54 r, 76 r–v, 307 v (23. Dezember 1595, 24. und 31. Januar, 10. Februar, 18. Mai 1596). Zum Fall Lippomano vgl. auch dessen Briefe an Virginio Orsini, in

A.S.C.R., Archivio Orsini, Serie Ia, pacco 106, Nr. 39, 55, 107, 251, 287, und pacco 107, Nr. 535 und 569 (Februar –September 1596).

56 Zum schlechten Ruf Zacchias und Detis vgl. die Briefe von Kardinal Del Monte vom 10. Juni 1600 und 20. September 1603 in A.S.F., Mediceo del principato, busta 3761; vgl. außerdem G. Bentivoglio, Memorie, a.a.O., S. 81 f., und die von A. E. Baldini, Puntigli spagnoleschi e intrighi politici nella Roma di Clemente VIII, Mailand 1981, publizierten Berichte. Bezüglich der galanten Abenteuer von Kardinal Aldobrandini siehe: Theodori Amidenii Elogia summorum pontificum et S.R.E. cardinalium, in Biblioteca Casanatense di Roma, MS. 1336, cc. 298r–300r, und c. 72v (der Kalauer); zur Glaubwürdigkeit dieser Quelle, die von manchen Historikern bestritten wird, siehe A. Bastiaanse, Teodoro Ameyden (1586–1656). Un neerlandese alla corte di Roma, 's-Gravenhage 1967.

57 Depesche von Filippo Galletti vom 28. Januar 1600 in A.S.F., Mediceo del principato, busta 3623. Der zum Tode verurteilte Mönch gehörte dem Orden der Kreuzträger an und wurde am 6. Januar 1600 gehängt und verbrannt (vgl. A.S.R., Arciconfraternita di San Giovanni Decollato, busta 8, cc. 84v–85r). Den Laien erging es auch nicht besser: Der Fuhrmann Vincenzo Cappellari wurde am 31. August zuerst gehängt und dann verbrannt (s. ebd., busta 7, cc. 108v–109r); sein Prozeß in A.S.R., Tribunale del Governatore, Processi, Sec. XVI, busta 255, Nr. 27.

58 Bulle «Cum in unaque bene» vom 23. Dezember 1586; gedruckt in Bullarum privilegiorum ac diplomatum Romanorum Pontificum amplissima collectio, hg. von C. Cocquelines, IV, 4, Rom 1747, S. 289.

59 Avvisi di Roma, in B.A.V., Urb. Lat. 1060, cc. 99v, 239v, 462r, 549v; Avvisi di Roma, in Biblioteca Casanatense, Ms. 983, c. 282v.

60 A.S.V., Arm. IV, t. 51, c. 167.

61 L. Amabile, Fra Tommaso Campanella, la sua congiura, i suoi processi e la sua pazzia, III, Documenti e illustrazioni, Neapel 1882, S. 200 (vgl. auch S. 213 und 262). Ich verweise hier auch auf die interessanten Überlegungen zur Verschwörung Campanellas von G. Benzoni, Gli affanni

della cultura. Intellettuali e potere nell'Italia della controriforma e barocca, Mailand 1978, S. 146ff.

62 D. Beggiao, La visita pastorale di Clemente VIII (1592–1600), Rom 1978, S. 72; A. Zuccari, Arte e committenza nella Roma di Caravaggio, Turin 1984, S. 15ff.

63 Das Edikt von 1593 ist ediert in D. Beggiao, La visita pastorale di Clemente VIII., a.a.O., S. 106, das Edikt von 1603 in J.A.F. Orbaan, Virtuosi al Pantheon. Archivalische Beiträge zur römischen Kunstgeschichte, in: Repertorium für Kunstwissenschaft, XXXVII (1915), S. 34.

64 Die Indices librorum prohibitorum des sechzehnten Jahrhunderts, hg. von F. H. Reusch, Tübingen 1886, S. 533f.

65 Die Dokumente bezüglich der Initiative Paleottis wurden publiziert von P. Prodi, Ricerche sulla teorica delle arti figurative nella riforma cattolica, in: Archivio italiano per la storia della pietà, IV (1965), S. 121; Prodi kommt allerdings zu völlig anderen Schlußfolgerungen. Daß Paleotti seinem Werk tatsächlich den Charakter eines Index der verbotenen Bilder geben wollte, geht aus seinen eigenen Äußerungen hervor. Vgl. G. Paleotti, Discorso intorno alle immagini sacre e profane, in Trattati d'arte del cinquecento tra manierismo e controriforma, hg. von P. Barocchi, II, Bari 1961, S. 225 und 268. Über Paleotti vgl. auch R. Zapperi, Annibale Carracci. Bildnis eines jungen Künstlers, Berlin 1990, S. 69ff.; ders., La corporation des peintres et la censure des images à Bologna au temps des Carraches, in: Revue d'histoire moderne et contemporaine, XXXVIII (1991), S. 387ff., und ders., Federico Zuccari censurato a Bologna dalla corporazione dei pittori, in: Städel-Jahrbuch, N.F., 13 (1991), S. 177ff.

66 Zu dieser Episode vgl. J. A. F. Orbaan, Virtuosi al Pantheon, a.a.O., S. 34f.

67 Mostra di Federico Barocci. Catalogo critico, hg. von A. Emiliani, Bologna 1975, S. 221.

68 G. Paleotti, Discorso intorno alle immagini sacre e profane, a.a.O., II, S. 504–506.

69 A. Possevino, Tractatio de poesi et pictura, Lugduni 1595, S. 307.

70 Über die «Accademia di S. Luca» vgl. Origine e progresso dell'Accademia del disegno di Roma, in: Scritti d'arte di

Federico Zuccari, hg. von D. Heikamp, Florenz 1961, I, S. 68, 79; in Bd. II, S. 227 ff., das Buch Zuccaris mit dem Titel «L'idea de' pittori, scultori e architetti».

71 Die Episode wird erzählt in der anonymen Vita di Sisto Quinto Peretti papa, in B.A.V., Vat. lat. 8733, S. 504 f.

72 Vgl. hierzu Il Caravaggio e le sue grandi opere da San Luigi dei Francesi, hg. von G. A. Dell'Acqua und M. Cinotti, Mailand 1971, S. 113, 115, 121, 122.

73 G. Marciano, Memorie historiche della congregatione dell'oratorio ..., I, Neapel 1693, S. 342.

74 P. M. Baumgarten, Neue Kunde von alten Bibeln, a.a.O., S. 23.

75 G. Mancini, Considerazioni sulla pittura, hg. von A. Marucchi und L. Salerno, I, Rom 1958, S. 142 f.

76 T. Accetto, Della dissimulazione onesta, hg. von S. Nigro, Genua 1983, S. 34 und 44.

77 G. Paleotti, Discorso intorno alle immagini sacre e profane, a.a.O., II, S. 354 f., 396 f.

78 Die ursprünglich nackte Brust wurde vor kurzem bei einer Restaurierung wiederentdeckt. Zu Giuseppe Cesari vgl. Il cavalier d'Arpino, hg. von H. Roettgen, Rom 1973, S. 93–95, 107–113, 117.

79 G. B. Armenini, De' veri precetti della pittura, hg. von M. Gorreri, Turin 1988, S. 179 f.; G. P. Lomazzo, Trattato dell'arte della pittura, scoltura et architettura, hg. von R. P. Ciardi, Florenz 1974, S. 312 ff.

80 G. Panofsky-Soergel, Zur Geschichte des Palazzo Mattei in Giove, in: Römisches Jahrbuch für Kunstgeschichte, XI (1967–68), S. 111 ff.

81 I. Toesca, Note sulla storia del palazzo Giustiniani a San Luigi dei Francesi, in: Bollettino d'arte, XLII (1957), S. 296 ff.

82 M. V. Brugnoli, Il soggiorno a Roma di Bernardo Castello e le sue pitture nel palazzo di Bassano di Sutri, ebd. S. 255 ff.

83 K. Herrmann-Fiore, Die Fresken Federico Zuccaris in seinem römischen Künstlerhaus, in: Römisches Jahrbuch für Kunstgeschichte, XVIII (1979), S. 37 ff.

84 G. Zadri, Un probabile dipinto murale del Caravaggio per

il cardinale Del Monte, in: Storia dell'arte, I (1969), S. 338ff.

85 Über das Wiederaufflammen der Judenfeindlichkeit nach einer Pause während des Pontifikats von Sixtus V. vgl. A. Berliner, Geschichte der Juden in Rom, Frankfurt 1893, S. 24ff.

86 Zum Wettlauf der Juden im römischen Karneval vgl. M. Boiteux, Les Juifs dans le carnaval de la Rome moderne (XVe–XVIIIe siècle), in: Mélanges de l'Ecole française de Rome, Moyen âge – Temps modernes, 88 (1976), S. 745ff.; zum Karneval in der Zeit Clemens' VIII. Avvisi di Roma, in B.A.V., Urb. Lat. 1060, cc. 81r, 83v, 93r (5., 8. und 12. Februar 1592); 1061, cc. 97r, 123r (12. Februar und 3. März 1593); 1063, cc. 63v, 84v (1. und 8. Februar 1595); 1064, cc. 92r–v, 104r, 121v (17., 22., 24. und 28. Februar 1596); 1065, c. 96v (17. Februar 1597); 1066, cc. 187r, 192r–v (28. und 31. Januar 1598); 1067, cc. 105v, 112r (17. und 20. Februar 1599); 1070, c. 105r (25. Februar 1604). Vgl. auch die betreffenden Edikte in A.S.V., Arm. IV, T. 10, cc. 12–16, 71, 74, 127–131.

87 P. Farinacci, Decisiones criminales super quaestionibus de iudiciis et tortura..., Mailand 1605, S. 45; G. Maggi, De equuelo..., Amsterdam 1664, S. 10; G. B. Scanaroli, De visitatione carceratorum..., Rom 1665; B. Blasi, Stradario romano, Mailand 1971, S. 188.

88 Avvisi di Roma, in B.A.V., Urb. Lat. 1064, c. 84v (8. Februar 1595).

89 Depesche von G. B. Thesis an den Herzog von Mantua vom 28. August 1604 in A.S.M., Archivio Gonzaga, busta 978.

90 Documenti della vita di Giordano Bruno, hg. von V. Spampanato, Florenz 1932, S. 146f., 158, 160f., 174ff., 186f., 189, 197.

91 A. Manni, Rappresentazione di anima e di corpo, Rom 1600, S. 3, 4, 5, 7.

92 G. Paleotti, Discorso intorno alle immagini, a.a.O., II, S. 266, 373, 417f.

93 Scritti di S. Camillo de Lellis, hg. von M. Vanti, Vicenza 1965, S. 142f., 357; S. Cicatelli, Vita del p. Camillo de Lellis, a.a.O., S. 228, 231, 238, 260.

94 P. Baumgarten, Neue Kunde von alten Bibeln, a.a.O.,

S. 13ff., hat viele Nachrichten über die Haltung Clemens' VIII. gegenüber seinem Körper zusammengestellt. Vgl. auch die diesbezüglichen Informationen des toskanischen Agenten Filippo Galletti (Depesche vom 25. Dezember 1599 in A.S.F., Mediceo del principato, busta 3623), des Kardinals Del Monte (Briefe vom 8. November 1596, 29. April, 15. Juli und 5. August 1600, 1. Februar 1603, ebd. buste 3760, 3761, 3762, 3763), der Avvisi di Roma, in Biblioteca Casanatense, Ms. 983, c. 74v (23. Juni 1601), von Girolamo Agucchi (Briefe an Kardinal Pietro Aldobrandini vom 7. und 14. März 1601, in A.D.R., Fondo Aldobrandini, busta 7, Nr. 22). Siehe außerdem Lettres du cardinal d'Ossat, a.a.O., I, 475, und Le relazioni degli ambasciatori veneti al Senato, a.a.O., S. 439, 441, 452, 455 (Depeschen der Botschafter Paruta und Dolfin) sowie den anonymen Bericht von 1600 in Pastor, Geschichte der Päpste, a.a.O., XI, S. 738.

95 Zur Aldobrandini-Kapelle vgl. S. Pressouyre, Nicolas Cordier. Recherches sur la sculpture à Rome autour de 1600, Rom 1984, I, S. 244ff., II, S. 375ff. Siehe außerdem Avvisi di Roma, in B.A.V., Urb. Lat. 1062, c. 204r; A. Ferrua, Ritrovamento dell'epitaffio di Vannozza Cattaneo, in: Archivio della Società romana di storia patria, LXXI (1948), S. 139ff.; A. E. Brinkmann, Barockskulptur, Berlin 1917, S. 220; A. Venturi, Storia dell'arte italiana, X, La scultura del cinquecento, III, Mailand 1937, S. 644.

96 Dies bezeugt der Brief von Ascanio Salimbeni an Giovanni Battista Pico vom 5. März 1580 in A.S.P., Carteggio farnesiano estero, busta 387. In den folgenden Jahren ist sein Aufenthalt bei seinem Großonkel, dem Kardinal Alessandro Farnese, ständig bezeugt. Siehe Avvisi di Roma, in B.A.V., Urb. Lat. 1057, cc. 120r–v, 121r, 131v (4. und 18. März 1589); Relazioni inedite di ambasciatori lucchesi alle corti di Firenze, Genova, Milano, Modena, Parma, Torino (sec. XVI–XVII), hg. von A. Pellegrini, Lucca 1901, S. 305; J. A. F. Orbaan, La Roma di Sisto V negli «Avvisi», in: Archivio della Società romana di storia patria, XXXIII (1910), S. 298; ders., Documents inédits sur la Rome de Sixte Quint et du cardinal Farnèse, in: Mélanges d'archéologie et d'histoire, XLII (1925), S. 109.

97 Vgl. L. van der Essen, Alexandre Farnèse, I, Bruxelles 1933, S. 198; V, ebd., 1937, S. 379. Nur Ranuccio, der älteste Sohn, sah seinen Vater wieder, als er sich 1591 nach Flandern begab.

98 Zum Geburtsdatum Odoardos vgl. A. Del Prato, Il testamento di Maria di Portogallo moglie di Alessandro Farnese, in: Archivio storico per le provincie parmensi, n.s. VIII (1908), S. 170.

99 F. Strada, Della guerra di Fiandra, Rom 1638, S. 162. Das lateinische Original (De bello belgico decades II) wurde in zwei Phasen (1632 und 1647) in Rom gedruckt (das Verzeichnis der den Druck betreffenden Ausgaben in A.S.N., Archivio farnesiano, busta 2049). Das Werk wurde anhand der von den Farnese gelieferten Dokumentation geschrieben. Im Inventar des römischen Palastes von 1653 sind vier Kisten mit Dokumenten verzeichnet, die Strada zurückgegeben hatte (siehe A.S.P., Raccolta di manoscritti, busta 86).

100 F. Guicciardini, Storia d'Italia, III, Turin 1971, S. 2070.

101 Fulvio Orsini e le sue lettere ai Farnese, hg. von A. Ronchini, in: Atti e memorie di storia patria per le provincie dell'Emilia, n.s. IV (1880), S. 66f.

102 Le baron de Hübner, Sixte-Quint, II, Paris 1870, S. 146.

103 Zu den von Herzog Alessandro auf Philipp II. und die Päpste Sixtus V. und Gregor XIV. ausgeübten Pressionen siehe die Depeschen des spanischen Botschafters in Rom, Graf Olivares, an Francisco de Vera vom 2. und 6. März 1591 in A.G.S., Estado, leg. 1541. Vgl. außerdem A. Cauchie – L. van der Essen, Inventaire des archives farnésiennes de Naples au point de vue de l'histoire des Pays-bas catholiques, Bruxelles 1911, S. 27f.; G. Drei, Alessandro Farnese e Sisto V, in Archivi, s. II, IX (1942), S. 22f.; Correspondance de Philipp II sur les affaires des Pays-bas, III (1585–1591), hg. von J. Lefèvre, Bruxelles 1956, S. 406, 424; L. Castano, Gregorio XIV, Turin 1957, S. 387, 406f., 418; Zur Kardinalserhebung vgl. G. van Gulik – C. Eubel, Hierarchia catholica medii et recentioris aevi, III, Münster i. W. 1923, S. 54; zu den Pfründen und Einkünften A.S.N., Carte farnesiane, busta 1849; A.S.V., Segreteria di Stato, Spagna, 34, cc. 317r, 353r; B.A.V., Urb. Lat. 837, c. 413v;

1055, c. 517r; 1057, cc. 120r–v, 124v; 1060, cc. 305v, 307v, 617r, 760v; 1061, cc. 545r, 590r, 599r; Relazioni inedite di ambasciatori lucchesi alle corti di Firenze, Genova, Milano, Modena, Parma, Torino (sec. XVI–XVII), hg. von A. Pellegrini, Lucca 1901, S. 305, 308; E. Del Vecchio, I possessi romani dei Farnese, in: Studi romani, XV (1967), S. 421 ff.; R. Lefevre, Il testamento di Margarita d'Austria duchessa di Parma e Piacenza, in: Palatino, XII (1968), S. 244.

104 In bezug auf den diplomatischen Zwischenfall mit Niccolini siehe die Depesche des savoyischen Botschafters Scaglia vom 1. August 1599 in A.S.T., Lettere di ministri, Roma, mazzo 18, Nr. 111, und die Depeschen von Niccolini selbst vom 9. und 10. November 1599 in A.S.F., Mediceo del principato, busta 3315, sowie von Galletti vom 12. und 20. November 1599, ebenda, busta 3623.

105 Zu den Heiratsplänen Kardinal Odoardos vgl. Avvisi di Roma, in B.A.V., Urb. Lat. 1073, c. 585r (29. Oktober 1605); 1075, cc. 517r, 569r, 598r, 666v (18. August, 12. und 15. September, 17. und 24. Oktober 1607); 1077, cc. 338r, 342r–v (18. und 29. Juli 1609); die Depeschen Niccolinis vom 27. Oktober 1605 und 7. September 1607, in A.S.F., Mediceo del principato, busta 3321 und 3323; die Depesche von Aurelio Recordati an den Herzog von Mantua vom 1. August 1609 in A.S.M., Gonzaga, busta 988; den Bericht von Francesco Morosini vom 5. Dezember 1608 in Relazioni degli ambasciatori veneti al Senato, hg. von A. Segarizzi, III, Florenz–Bari 1916, S. 138.

106 U. Benassi, I natali e l'educazione del duca Odoardo Farnese, in: Archivio storico per le provincie parmensi, n.s. IX (1909), S. 146–152.

107 P. Gauchat, Hierarchia catholica medii et recentioris aevi, IV, Münster i. W. 1935, S. 38, 51, 54.

108 Zu den Beziehungen zu Bellarmino vgl. J. Bodrick, Robert Bellarmin, Desclée de Bronwer 1963, ad indicem; zu den Hoffnungen auf den päpstlichen Stuhl Le relazioni degli stati europei lette al senato dagli ambasciatori veneti nel secolo XVII, hg. von N. Barozzi und G. Berchet, Venedig 1877, S. 162, 241; zur Regentschaft in Parma U. Benassi, Governo assoluto e città suddite nel primo seicento. Pia-

cenza sotto il cardinale Odoardo Farnese, in: Bollettino storico piacentino, XII (1917), S. 193 ff.

109 Die Episode wird von U. Benassi, Curiosità storiche parmigiane, Parma 1914, S. 19 ff., erzählt.

110 C. Whitfield, La décoration du «palazzetto», in: Le Palais Farnèse, I,1, Rom 1981, S. 313 ff.

111 Kardinal Pietro Aldobrandini erzählte Kardinal Deti in einem Brief vom 14. Juli 1607 von einem Bad Farneses (A.D.R., Fondo Aldobrandini, busta 18); vgl. auch Avvisi di Roma, in B.A.V., Urb. Lat. 1075, c. 431 r.

112 Nämlich Pierluigi, Ranuccio, Paolo und Costanza. Ich verweise zu den drei letzteren sowie zu Giulia Farnese auf meine diesbezüglichen Artikel in Dizionario biografico degli italiani, Band 45 (erscheint demnächst).

113 Zum galanten Leben des Kardinals Alessandro vgl. Ch. Samaran, Les indiscretions de Garganello ou la vie galante en Avignon au XVIe siècle, in: Mercure de France, LXXX (1909), S. 385 ff.; L. Romier, Les origines politiques des guerres de religion, I, Paris 1913, S. 123 ff.; F. Benoit, Farnesiana, in: Mélanges d'archéologie et d'histoire, XLI (1924), S. 79–93.

114 G. Incisa della Rocchetta, Ricostruzione d'un Pinturicchio borgiano, in: Strenna dei romanisti, VIII (1947), S. 176 ff.

115 Brief von Corradino Orsini an den Kardinal Odoardo vom 22. Oktober 1593, in A.S.P., Carteggio farnesiano estero, busta 410, und Brief Del Montes vom 22. August 1597, in A.S.F., Mediceo del principato, busta 3760. Die «Macarani» war offenbar jene im Alter von 46 Jahren verstorbene Laura, die T. Ameyden, La Storia delle famiglie romane, hg. von C. A. Bertini, II, Bologna 1967, S. 24, erwähnt.

116 Leben des Benvenuto Cellini, übersetzt von Goethe, Frankfurt a. M. 1981, S. 267; Cellinis Erinnerungen werden vom Kellermeister Pauls III. bestätigt. Siehe I vini d'Italia giudicati da Paolo III (Farnese) e dal suo bottigliere Sante Lancerio, hg. von G. Ferraro, Rom 1890.

117 Publiziert in U. Benassi, Curiosità storiche parmigiane, a.a.O., S. 22 f.

118 Avvisi di Roma, in B.A.V., Urb. Lat. 1065, c. 254r (30. April 1597).

119 Der Pachtvertrag vom 9. Oktober 1606 in A.S.R., 30 notai capitolini, Ufficio 25, Notaio Giulio Raimondi, 1606, c. 442 r.
120 Le relazioni degli stati europei lette al senato dagli ambasciatori veneti nel secolo XVII, I, a.a.O., S. 162.
121 T. Burzio, Narratione compendiosa di Casa Farnese, in B.A.V., Chigi, F. VII. 177, c. 49 v.
122 Das Original des Testaments befindet sich in A.S.R., 30 notai capitolini, Uff. 25, Notaio Giulio Raimondi, Nr. 250, C. 80 r–v, 109 r–115 v.
123 D. Posner, Annibale Carracci, II, London 1971, S. 54.
124 Carel van Tuyll hat auf meine Bitte den kleinen Altar nochmals untersucht und die schon von Salerno und Marabottini (Il Seicento europeo, Rom, 1957, S. 95) in dubitativer Form gegebene und von Posner wiederholte Zuschreibung an Tacconi bestätigt.
125 Das Gemälde ist natürlich nicht *a fresco* gemalt, sondern in Öl auf Holz und zwei Kupferplatten, die in die Altarflügel eingefügt wurden. Der Kardinal war zwar kein Experte der Maltechnik und diesbezüglichen Terminologie, aber bei dem Mißverständnis handelte es sich möglicherweise um einen Lapsus mit Bezug auf die bedeutenden Fresken, die Annibale in seinem römischen Palast ausgeführt hatte. Daß das im Testament genannte Werk mit dem Tragaltar im Palazzo Barberini identisch ist, bestätigt auch dessen äußere Geschichte. Nach dem Zeugnis von Malvasia (Felsina pittrice. Vite de' pittori bolognesi, hg. von G. Zanotti, Bologna 1841, S. 88 und 359) befand sich das Werk 1678 in Modena. Hierhin kam es höchstwahrscheinlich durch eine der Töchter Margheritas und Ranuccios, Maria oder Vittoria, die nacheinander Herzog Francesco I. heirateten. Vgl. L. Chiappini, Gli Estensi, Mailand 1967, S. 413.
126 G. Paleotti, Discorso intorno alle immagini sacre e profane, in Trattati d'arte del Cinquecento, hg. von P. Barocchi, II, Bari 1961, S. 367.
127 A. Ottani Cavina, in Nell'età di Correggio e dei Carracci. Pittura in Emilia nei secoli XVI e XVII, Bologna 1986, S. 290 ff.
128 Bibliotheca Sanctorum, V, Rom 1964, Sp. 34 ff.
129 Th. Amayden, Elogia Summorum Pontificum et S.R.E. car-

dinalium, Ms. in Biblioteca Casanatense, Rom, Cod. 1336, c. 418r; G. Bentivoglio, Memorie e lettere, hg. von C. Panigada, Bari 1934, S. 60.

130 Zu den farnesischen Besitztümern zum Zeitpunkt des Todes Herzog Alessandros siehe die Abrechnung von 1593, publiziert von M. A. Romani, Finanza pubblica e potere politico: il caso dei Farnese (1545–1593), in Le corti farnesiane di Parma e Piacenza. 1545–1622, Rom 1978, S. 43 ff.; vgl. auch A. Del Prato, II testamento di Maria di Portogallo moglie di Alessandro Farnese, a.a.O., S. 174.

131 Eine Zusammenfassung des Testaments in italienischer Sprache wurde publiziert von Ch. Riebesell, Die Sammlung des Kardinal Alessandro Farnese, Weinheim 1989, S. 194.

132 R. Lefevre, Il testamento di Margarita d'Austria duchessa di Parma e Piacenza, a.a.O., S. 244.

133 G. Battelli, La candidatura di Ranuccio Farnese al trono di Portogallo (1578–1580), in: Aurea Parma, XIV (1930), S. 56 ff.

134 Bibliotheca Sanctorum, IV, Rom 1964, Sp. 121 ff.

135 G. B. Mittarelli – A. Costadoni, Annales Camaldulenses..., VIII, Venedig 1764, S. 196, 227, 469; M. Chiarini, I quadri della collezione del principe Ferdinando di Toscana, in: Paragone, 1975, Nr. 301, S. 70, 88.

136 Der Hl. Eduard erscheint zusammen mit dem Hl. Eustachius, dessen Kirche in Rom die Titelkirche von Kardinal Odoardo geworden war, auf den Fresken von Domenichino (1608–10) in der Abtei Grottaferrata, einer traditionellen Apanage der Kardinäle aus dem Hause Farnese. Vgl. R. E. Spear, Domenichino, New Haven–London 1982, I, S. 164 f.; II, Nr. 92.

137 In den ersten Monaten des Jahres 1600 war von einem vom Papst und den Spaniern unterstützten Kriegszug nach England unter der Führung des Herzogs von Parma die Rede. Vgl. P. Fea, Alessandro Farnese, Rom 1886, S. 498.

138 A. de Villegas, Flos Sanctorum nuevo..., Venedig 1588, S. 247 r. Informationen über den westgotischen Heiligen konnte Kardinal Odoardo auch dem Buch von J. Mariana, Historiae de rebus Hispaniae, Toledo 1592, S. 221 ff., entnehmen, das ebenfalls in seiner Bibliothek stand. Vgl.

F. Fossier, La bibliothèque Farnèse: le fonds imprimé, in Le Palais Farnèse, a.a.O., I,2, S. 417f.

139 U. Benassi, I natali e l'educazione del duca Odoardo Farnese, a.a.O., S. 109–111.

140 Alle anderen Gemälde sowie die «Statuen, Medaillen und Bücher» hinterließ er seinem Neffen Odoardo I. mit der Auflage, daß er, falls er es wünschte, nur die Gemälde nach Parma holen durfte.

141 Kardinal Odoardos Schwester Margherita war mit Herzog Vincenzo Gonzaga von Mantua verheiratet worden, wurde von diesem aber verstoßen, da sie ihm keine Kinder gebar. Zur Strafe sperrte ihr Vater sie ins Kloster ein, wo sie als Nonne den Namen Maura Lucenia annahm. Zu ihrer Geschichte vgl. A. Barilli, Maura Lucenia Farnese, in: Archivio storico per le province parmensi, n.s., XXII (1922), S. 161ff.

142 Im Kodizill vom 2. März 1621, zwei Monate nachdem er sich zum Priester hatte weihen lassen, schrieb er dagegen «Odoardo Farnese». Die Krise war nunmehr überwunden und das Bedauern der Hoffnung gewichen, Papst zu werden.

143 Die Klausel zugunsten Kardinal Odoardos wurde publiziert von P. Bourdon, Un plafond du palais Farnèse, in: Mélanges d'archéologie et d'histoire, XXVII (1907), S. 17.

144 Dies aufgrund einer Bestimmung des römischen Rechtes (Ulpianus = D.7.1.13.7.); vgl. auch G. B. De Luca, Il dottor volgare, Rom 1673, IV, S. 64ff.

145 Aus einem Memorandum von Guglielmo Della Porta von 1574 ca. geht hervor, daß Herzog Ottavio einen von diesem Künstler ausgearbeiteten Plan zum Umbau des Palastes sah und billigte. Kardinal Alessandro nahm darauf aber keine Rücksicht und ließ die Arbeiten nach einem anderen Plan ausführen. Vgl. W. Lotz, La construction et la décoration du palais Farnèse. Vignole et Giacomo Della Porta, in Le Palais Farnèse, a.a.O., I,1, S. 232f.

146 Der Brief ist publiziert bei J. R. Martin, The Farnese Gallery, Princeton 1965, S. 41.

147 D. G. J. Bodart, Cérémonies et monuments romains à la mémoire d'Alexandre Farnèse, duc de Parme et de Plai-

sance, in: Bulletin de l'Institut historique belge de Rome, XXXVII (1966), S. 121ff.

148 A. Ronchini, Francesco e Simone Moschino, in: Atti e memorie delle RR. deputazioni di storia patria per le province modenesi e parmensi, VIII (1876), S. 107f.; Fonti per la storia dell'arte, pubblicate da A. Borzelli, Neapel 1909, S. XVIIff.; H. Keutner, Über die Entstehung und die Formen des Standbildes im Cinquecento, in: Münchner Jahrbuch der bildenden Kunst, VII (1956), S. 164ff.

149 R. Zapperi, The Summons of the Carracci to Rome: some new documentary evidence, in: The Burlington Magazine, CXXVIII (1985), S. 203ff.

150 Der Brief ist publiziert in F. Ch. Uginet, Le Palais Farnèse à travers les documents financiers (1535–1612), Rom 1980, S. 7.

151 Protocollo farnesiano 1586–1604, in A.S.P., Carteggio farnesiano interno, busta 1080, c. 8r.

152 Im Inventar des römischen Palasts vom November 1641, das die apostolische Kammer hatte aufstellen lassen, weil sie Ansprüche auf die römischen Besitzungen der Farnese erhob, sind in der Tat «zehn Bilder mit Krieg und alten zerstörten Dörfern» verzeichnet, die sehr gut die von Odoardo aus Parma angeforderten Gemälde mit den Taten Herzog Alessandros sein könnten (A.S.V., Arm. LXI, vol. 14, c. 111v).

153 Der Brief ist publiziert von H. Tietze, Annibale Carraccis Galerie im Palazzo Farnese und seine römische Werkstätte, in: Jahrbuch der kunsthistorischen Sammlungen des allerhöchsten Kaiserhauses, XXVI (1906), 2, S. 54.

154 Über die Geschichte des Archivs von Herzog Alessandro und die Wechselfälle Graf Masis vgl. L. P. Gachard, Les archives farnèsiennes à Naples, in: Compte rendu des séances de la commission royale d'histoire, III série, XI (1870), S. 253, 352f.; A. Cauchie – L. van der Essen, Correspondance de Cosimo Masi secrétaire d'Alexandre Farnèse, concernant le gouvernement de Manfeld de Fuentes et de l'archiduc Ernest au Pays Bas 1593–1594, in: Bulletin de l'Institut historique belge de Rome, XXVII (1952), S. 357ff.

155 Weitere Zeichnungen – es ist unbekannt, inwieweit unab-

hängig von denen, die Graf Masi schickte, – werden damals in Rom gemeldet. Ein undatiertes Verzeichnis von Zeichnungen über die flandrischen Feldzüge Herzog Alessandros in F. Ch. Uginet, a.a.O., S. 7. Hier heißt es, daß ein Teil der Zeichnungen von einem gewissen Pietro Bonvisio Mario Farnese ausgehändigt wurde, der mit dem Herzog in Flandern gekämpft hatte, aber in Rom gewöhnlich ansässig war. Noch andere Zeichnungen kamen Clelia Farnese unter die Augen, die Ranuccio informierte für den Fall, daß er sie zu erwerben wünschte (siehe H. Tietze, a.a.O., S. 54f.). Im Inventar der sich im Palazzo Farnese befindlichen Zeichnungen vom Juli 1626 sind «carte 56 grandi di descrittione di diverse città della Fiandra, battaglie e fortificazioni» aufgeführt (vgl. A.S.N., Archivo farnesiano, busta 1348 I). Ein «involto col disegno di molte piazze e città di Fiandra e di molte giornate fatte dal Ser. duca Alessandro, numerate et in n. 35 con cartolare» ist im Inventar von 1653 verzeichnet (A.S.P. Raccolta di manoscritti, busta 86, S. 238): schon D. Bernini, Annibale Carracci e i «Fasti» di Alessandro Farnese, in: Bollettino d'arte, S;V, LIII (1968), S. 85, hat auf diese Gruppe von Zeichnungen hingewiesen.

156 A. Barrilli, Nuovi documenti su Alessandro Farnese, in: Archivio storico per le provincie parmensi, s. 3, III (1938), S. 91 ff.; vgl. aber auch P. Torelli, Movimenti dell'animo, con appendice di lettere inedite, hg. von L. Vignali und G. Nori, Parma 1983, S. 155 ff. Zu dem am 13. November 1596 gemachten Geschenk siehe A.S.P., Mastri farnesiani, vol. 13, S. 797.

157 C. Perez Bustamante, El cronista Antonio de Herrera y la historia de Alejandro Farnesio, in: Boletin de la Real academia de la historia, CIII (1933), S. 737 ff.

158 Der Brief von Pio vom 27. Mai 1595 in A.S.P., Carteggio farnesiano estero, busta 411. Gabriele Bombasi, ein Höfling des Kardinals, meldete Pomponio Torelli die Ankunft Querengos in Parma in einem Brief vom 1. Februar 1597 (gedruckt in B. Zucchi, L'idea del segretario, II, Venedig 1600, S. 356). Zwei venezianische Patrizier, die ihn kannten, trafen den Humanisten im Oktober 1598 in Parma an, wo er an der Geschichte Herzog Alessandros arbeitete (vgl.

Viaggio fatto da Andrea Morosini e da Benedetto Zorzi..., hg. von E. Cicogna, Venedig 1842, S. 23). Zum Auftrag an die Jesuiten vgl. die beiden Briefe Ranuccios vom 27. Juni 1595 und vom 19. Dezember 1615 in Archivum Romanum Societatis Jesu, Epp. ext., 29, c. 212 r, und 30, c. 238 r.

159 Dies resultiert aus zwei Briefen von Fulvio Orsini vom 8. und 22. August 1595 (gedruckt bei J. R. Martin, The Farnese Gallery, a.a.O., S. 42 f.).

160 Dieser Brief ist mehrmals publiziert worden. Vgl. aber A. Sorrentino, L'autore del gruppo marmoreo «Alessandro Farnese incoronato dalla Vittoria», in: Aurea Parma, XXIII (1939), S. 25.

161 Protocollo farnesiano 1586–1604, in A.S.P., Carteggio farnesiano interno, busta 1080, c. 24 v.

162 Zur Chronologie der Reisen Moschinos vgl. neben den schon zitierten Dokumenten auch die anderen von A. Ronchini publizierten Quellen (Francesco e Simone Moschino, a.a.O., S. 107 ff.) und zu seiner vorhergehenden Tätigkeit H. Bredekamp, Vicino Orsini und der Heilige Wald von Bomarzo, Worms 1985, ad indicem.

163 Das Datum 1600 steht auch auf dem Kupferstich von Francesco Villamena, auf dem die Marmorgruppe abgebildet ist.

164 Dieser Brief Guidiccionis befindet sich zusammen mit einem zweiten Brief vom 5. September, in dem vom Silbergerät die Rede ist und auf den kommenden Besuch des Herzogs hingeweisen wird, in A.S.P., Carteggio farnesiano estero, busta 413. Beide Briefe sind beschädigt und stellenweise unlesbar.

165 Zur Geschichte dieser Arbeiten vgl. die von Uginet entdeckten und publizierten Dokumente (p. 90, Anm. 2, und S. 101). Es scheint mir nützlich, die betreffenden Stellen hier noch einmal vollständig wiederzugeben: «Lavori eseguiti prima del 3 febbraio 1600: Muro del cammino remurato nel salone lungo palmi 13 alto palmi 19 grosso tutto canne 2,47. Aricciatura et spicconatura del salone lungo palmi 213½ alto palmi 63 fa canne 134 palmi 57 monta a scudi 20.33. ... (beschädigt und deshalb unlesbar) levata statua che era nel salone et portatala ... nella loggia scudi 1.50. Per haver tagliata anzi portata parte della tagliatura

dell'astrico del salone et riempita la loggia di sopra scudi 4. Per aver cavato un pilo dal salone et molte teste di marmo di papa scudi 1.80. Per haver messi 4 homini a scanzare li cavalli di marmo scudi 1.12. Per haver fatto 40 busi nell'ammattonato di sala per metterci il parapetto scudi 0.40.» Lavori eseguiti prima del 18 luglio 1602: «Ammattonato de quadrucci tagliato alla stanza dove va la tavola d'alabastro lungo palmi 13½ largo palmi 11¼: canna 1 palmi 51 scudi 3.02.» Beide Dokumente in A.S.N., Archivio farnesiano, busta 2049.

166 Bei dem Sarkophag handelte es sich wahrscheinlich um einen der beiden Sarkophage mit Dionysosszenen, die sich im ersten Stock befanden (heute im Museo Nazionale in Neapel, Inventar Nr. 6776 oder 27710) und später in der Sala degli Imperatori aufgestellt wurden. Die Statue war wahrscheinlich die «Sitzende Venus», die sich schon zu Zeiten Kardinal Alessandros hier befand (Museo Nazionale in Neapel, Inventar Nr. 6293). Marmorbüsten von Papst Paul III. gab es nur zwei, die restlichen stellten andere Persönlichkeiten dar. Vgl. das Inventar des Palastes von 1641 in A.S.V., Arm. LXI, vol. 14, c. 395r.

167 An die «Sala degli imperatori» lassen auch die zwei «cavalli di marmo» denken. Es handelte sich um die beiden berittenen Krieger mit verwundeter Amazone, die schon zur Zeit Kardinal Alessandros hier aufgestellt waren. Sie werden auch im Inventar von 1641 erwähnt (c. 395r).

168 Vgl. hierzu D. Bernini, Annibale Carracci e i Fasti di Alessandro Farnese, in: Bollettino d'arte, s. 5, LVIII (1968), S. 84ff. Das Problem von Planung und Ausführung muß aber mit Hinsicht auf die von D. Posner, Annibale Carracci, I, London 1971, S. 165, publizierten Zeichnungen Annibales neu überdacht werden.

169 P. Mostri, Gli Aldobrandini in Meldola (1597–1647), in: Atti e memorie della deputazione di storia patria per l'Emilia e la Romagna, III (1938), S. 207ff.

170 Vgl. die beiden Depeschen von Giovanni Nicolini an Großherzog Ferdinando vom 27. Dezember 1599 und vom 7. April 1600 sowie die Avvisi di Roma in B.A.V., Urb. Lat. 1068, cc. 256r–v, vom 29. April 1600.

171 Hier stand sie noch, als 1641 das Inventar aufgestellt

wurde. Vgl. A.S.V., Arm. LXI, vol. 14, c. 394v («Una statua di marmo del Serenissimo sig. Duca Alessandro con statua della fama alle spalle del fiume Schelda et heresia sotto i piedi»).

172 G. P. Bellori, Le vite de' pittori scultori e architetti moderni, hg. von E. Borea, Turin 1976, S. 77, und C. C. Malvasia, Felsina pittrice, I, Bologna 1841. S. 317f.

173 Discorsi del S. don Antonio Agostini sopra le medaglie et altre anticaglie divisi in XI dialoghi tradotti dalla lingua spagnuola nell'italiana con l'aggiunta di molti ritratti di belle et rare medaglie, Rom 1592.

174 Der Brief Orsinis in A.S.P., Carteggio farnesiano estero, busta 409, der des Kardinals ebd., Carteggio farnesiano interno, busta 173.

175 Discorsi del S. Don Antonio Agostini, a.a.O., S. 8f. und 12.

176 Der Brief an Ranuccio wurde publiziert von A. Ronchini, Fulvio Orsini e le sue lettere ai Farnese, in: Atti e memorie delle r. deputazioni di storia patria per le province dell'Emilia, n.s., IV (1880), parte II, S. 71, der Brief an Kardinal Alessandro von C. Riebesell, Die Sammlung des Kardinal Alessandro Farnese, Weinheim 1989, S. 190.

177 C. Riebesell, Die Antikensammlung Farnese zur Carracci-Zeit, in Les Carrache et les décors profanes, Rome, 1988, S. 373ff., und dies., De Bianchi, Giovanni Battista, in Dizionario biografico degli Italiani, 39, Rom, 1991, S. 683ff.

178 J. R. Martin, The Farnese Gallery, a.a.O., S. 41ff., hat die antiken Vorbilder zusammengestellt und auch die beiden Briefe von Farnese an Orsini veröffentlicht; weitere Präzisierungen bei O. Neverov, Gemme dalle collezioni Medici e Orsini, in: Prospettiva. Rivista di storia dell'arte antica e moderna, 1982, Nr. 29, S. 2ff.

179 G. Paleotti, Discorso intorno alle imagini sacre e profane, a.a.O., S. 289ff. Ich möchte, was die Fresken der Galerie betrifft, auf die klare Zusammenfassung aller Probleme hinweisen, die E. Schleier, La pittura a Roma nel Seicento, in La pittura in Italia. Il Seicento, I, Mailand 1989, S. 426ff., gegeben hat und die in verschiedenen wichtigen Punkten mit den Ergebnissen meiner Untersuchung übereinstimmt.

180 Zu Corradino siehe H. Bredekamp, Vicino Orsini und der Heilige Wald von Bomarzo, a.a.O., ad indicem.

181 Der an verschiedenen Stellen beschädigte Brief von Corradino Orsini in A.S.P., Carteggio farnesiano estero, busta 410. Der Kaufvertrag des kleinen Palastes in Parione ist zitiert in C. Astolfi, La presunta «casa di Sisto V» a via Parione e le nozze di Flavia Peretti, Rom 1940, S. 25f. Zu den Fresken in der Loggia siehe H. Röttgen, Giuseppe Cesaris Fresken in der Loggia Orsini. Eine Hochzeitsallegorie aus dem Geist Torquato Tassos, in: Storia dell'arte I (1969), S. 279ff.

182 Über den Zusammenhang zwischen den Fresken Raffaels in der Farnesina und denen in der Galerie vgl. C. Dempsey, Annibal Carrache au Palais Farnèse, in Le Palais Farnèse, I,1, Rom 1981, S. 249ff.

183 G. Paleotti, Discorso, a.a.O., S. 293; F. Albergati, Del cardinale, Rom 1598, S. 191. Die Widmung hat das Datum 6. Mai 1591, sie wurde also knapp zwei Monate nach der Ernennung Farneses zum Kardinal geschrieben, die den Anlaß zur Abfassung der Schrift bot.

184 «Statuae in monumento felicis recordationis Pauli Papae III amoveantur; vel quamprium honestius cooperiantur.» Siehe Decreta Sanctissimi Domini Nostri Domini Clementis papae octavi facta in visitatione ecclesiarum Urbis, in A.S.V., Miscellanea, Arm. VII,3, c. 29r. Der Passus ist wiedergegeben in A. Zuccari, Arte e committenza nella Roma di Caravaggio, Rom 1984, S. 27.

185 Avvisi di Roma, in B.A.V., Urb. Lat. 1060, cc. 346v, 701v.

186 W. Gramberg, Guglielmo Della Portas Grabmal für Paul III. Farnese in San Pietro in Vaticano, in: Römisches Jahrbuch für Kunstgeschichte, 21 (1984), S. 350, 353, 355 (hier sind verschiedene Dokumente zu diesem Unternehmen publiziert). Grundlegend für die Beurteilung des Grabmals mit Bezug auf die Absichten Pauls III. ist die Studie von Ch. Thoenes, «Peregi naturae cursum». Zum Grabmal Pauls III., in: Festschrift für Hartmut Biermann, Weinheim 1990, S. 129ff.

187 A.S.F., Mediceo del principato, busta 4027. Dieser Avviso ist auszugsweise publiziert in H. Tietze, Annibale Carraccis

Galerie in Palazzo Farnese und seine römische Werkstätte, a.a.O., S. 124.

188 W. Gramberg, Die Düsseldorfer Skizzenbücher des Guglielmo Della Porta, Berlin 1964, I, S. 106.

189 M. de Montaigne, Journal de voyage, hg. von F. Garavini, Paris 1985, S. 235; A. von Buchell, Iter Italicum, hg. von R. Lanciani, in: Archivio della società romana di storia patria, XXIII (1900), S. 50.

190 Zur Verhaftung Burzios siehe Avvisi di Roma, in B.A.V., Urb. Lat. 1064, cc. 174r–v, 183v; ein Brief an Herzog Ranuccio vom 26. Juni 1596 in Protocollo farnesiano 1586–1604, in A.S.P., Archivio farnesiano interno, busta 1080, meldet dagegen die Entlassung aus dem Gefängnis.

191 Avvisi di Roma, in B.A.V., Urb. Lat. 1062, cc. 247r und 400v.

192 Die Depeschen von Giovanni Niccolini in A.S.F., Mediceo del principato, busta 3316.

193 Ebda.

194 Der Avviso, der von der Einweihung berichtet, wurde veröffentlicht von R. Zapperi, Per la datazione degli affreschi della galleria Farnese, in: Mélanges de l'Ecole française de Rome. Moyen Age-Temps Modernes, 93 (1981), S. 821f. Die betreffende Stelle soll hier noch einmal wiedergeben werden: «Alli giorni passati si scoperse la non men vaga che bella galleria dell' Ill.mo cardinal Farnese dipinta dal Carracci Bolognese, qual è riuscita talmente che l'Ill.mo sig. cardinal Aldobrandino ha voluto un quadretto da detto pittore, d'un Cristo et S. Pietro et gl'ha donato una catena d'oro di 200 scudi con una grossa medaglia di Nostro Signore per esser stata giudicata pittura mirabile, onde che hora si scorge che Roma fiorisce nella pittura, non meno che abbia fatto a tempi a dietro. Attendesi ora a finir la sala di Campidoglio dal cavaliere Giuseppe, li dua quadri che fa il Caravaggio per la capella del già Mons. Ceraseo, tesauriero, il quadro principale in essa capella di detto Carraccio, essendo insomma quei tre quadri di tutta eccellenza et bellezza.»

195 C. C. Malvasia, Felsina pittrice, hg. von G. Zanotti, Bologna 1841, S. 168ff.; I Modi, hg. von L. Lawner, Mailand 1984;

G. Vasari, Le vite dei più eccellenti pittori scultori e architettori, hg. von R. Bettarini und P. Barocchi, V, Florenz 1984, S. 13.

196 Die Identifizierung des in diesem Feld dargestellten Sujets ist kontrovers; Ch. Dempsey, Two «Galateas» by Agostino Carracci re-identified, in: Zeitschrift für Kunstgeschichte, 29 (1966), S. 67 ff., schlug zunächst Thetis und Peleus, dann Venus und Triton vor (Ch. Dempsey, Annibal Carrache au palais Farnèse, in Le Palais Farnèse, I,1, Rom 1981, S. 293 f.). G. Briganti, Nuove indagini sulla galleria Farnese, in Gli amori degli dei, Rom 1987, S. 34, glaubt indessen, daß Glaucos und Scylla dargestellt sind.

197 Auf diese Zensur hat schon H. Tietze, Annibale Carraccis Galerie in Palazzo Farnese und seine römische Werkstätte, a.a.O., S. 124 und Tafel VII, hingewiesen.

198 Der auffällige Unterschied zwischen dem Programm der Decke und dem der Wände wird auch von C. Dempsey, Annibal Carrache au Palais Farnèse, a.a.O., S. 292 f., hervorgehoben. Zur Anordnung der Statuen vgl. C. Riebesell, in: Kunstchronik, 41 (1988), S. 689.

199 G. P. Bellori, Le vite de' pittori scultori e architetti moderni, hg. von E. Borea, Turin 1976, S. 57 ff.; J. de La Bruyère, Les caractères, hg. von R. Garapon, Paris 1962, S. 418.

200 G. Fuligatti, Vita del cardinale Roberto Bellarmino, Rom 1624, S. 256 f.

201 C. Robertson, Ars vincit omnia: the Farnese Gallery and Cinquecento ideas about Art, in: Mélanges de l'Ecole française de Rome. Italie et Méditerranée, 102 (1990), S. 7 ff.

202 G. Briganti, Nuove indagini sulla galleria Farnese, in Gli amori degli dei, a.a.O., S. 32 ff.

203 Alle Quellennachweise sind aufgeführt in R. Zapperi, I ritratti di Antonio Carracci, in: Paragone – Arte, 1987, Nr. 4, S. 18 f. Zur Zahlung Ranuccios vgl. H. Tietze, Annibale Carraccis Galerie in Palazzo Farnese und seine römische Werkstätte, a.a.O., S. 126.

204 Über die beiden Brüder und ihren Ruf nach Rom vgl. R. Zapperi, Annibale Carracci. Bildnis eines jungen Künstlers, Berlin 1990, S. 127 ff.

205 In der Schätzung vom 3. Februar 1600 heißt es: «Per haver portato nella galleria un cammino ...; per haver levata la

tavola d'alabastro et portatola nella galleria scudi 0.40.» A.S.N., Archivio farnesiano, busta 2049. Zum Tisch vgl. O. Raggio, The Farnese table: a rediscovered work by Vignola, in: The Metropolitan Museum of Art Bulletin, 1960, S. 213ff. Der Tisch, der sich heute im Metropolitan Museum in New York befindet, war in den letzten Lebensjahren Kardinals Alessandros in den Großen Saal gebracht worden. Kardinal Odoardo scheint ihn zu unbestimmtem Zeitpunkt in der «Sala degli imperatori» aufgestellt zu haben, bevor er ihn nach Beginn der Arbeiten hier in die Galerie schaffen ließ. Als die Arbeiten beendet waren, wurden die Statuen dort wieder aufgestellt (wenn auch in anderer Auswahl), während der Tisch in einen anderen Saal kam. Zur Zeit der Aufstellung des Inventars von 1641 (in A.S.V., Arm. LXI, vol. 14, c. 138v) befand der Tisch sich wieder im Großen Saal, aber vorher war er vielleicht in der «Sala dei filosofi» gewesen. Dies wenigstens legt ein Dokument vom 18. Juli 1602 nahe, das von der Erneuerung des Fußbodens im Raum, der den Tisch aufnehmen sollte, berichtet. Der erneuerte Fußboden maß 3,03×2,53 m, der Tisch hat die Maße 4,00×1,80 m; nur ein Teil des Fußbodens wurde demnach erneuert in einem Saal, der groß genug sein mußte, um den Riesentisch aufzunehmen. Es könnte sich also sehr gut um die «Sala dei filosofi» handeln, die von Kardinal Odoardo eingerichtet wurde. In dem von Lotz publizierten Plan des ersten Stocks mit dem Datum 1601 (in Le Palais Farnèse, a.a.O., I,1, S. 192) sind neben dem «Großen Saal», hier als «Sala maggiore» bezeichnet, zwei weitere große Räume eingetragen, ein Zeichen dafür, daß die Arbeiten zur Ausstattung mit Statuen und Bildern zu Repräsentationszwecken damals schon weit fortgeschritten waren.

206 «Per haver remesso le statue nella stanza dove era la tavola d'alabastro et refatto il ponte per li pittori scudo 1» (7. Januar 1601; A.S.N., Archivio farnesiano, busta 2049).

207 Siehe oben S. 123.

208 J. R. Martin, The Farnese Gallery, a.a.O., S. 53ff.

209 «Per haver desfatti li ponti alli pittori nella galleria scudi 2.» (18. Juli 1602, A.S.N., Archivio farnesiano, busta 2049).

210 Lettres du cardinal d'Ossat, V, Amsterdam 1732, S. 44ff.

211 Die Beziehungen von Annibale Carracci zu Kardinal Odoardo plane ich in einer eigenen Untersuchung zu behandeln.

212 Diese Anekdote ist in einer Anmerkung zum Werk von G. Mancini, Considerazioni sulla pittura, hg. von A. Marucchi und L. Salerno, II, Rom 1957, S. 342, überliefert, aber sie ist in anderer Form auch in einem Sammelwerk des 18. Jahrhunderts enthalten, entnommen den Aufzeichnungen eines nicht identifizierten Reisenden: J. J. Volkmann, Historisch kritische Nachrichten von Italien..., Leipzig 1770, II, S. 414.

213 C. D'Onofrio, La villa Aldobrandini di Frascati, Rom 1963.

214 W. Vitztum, A Drawing for the Walls of the Farnese Gallery and a Comment on Annibale Carracci's «Sala grande», in: The Burlington Magazine, 105 (1963), S. 445 f.; K. Herrmann Fiore, Disegni degli Alberti, Rom 1983, S. 89 f.; C. Riebesell, in: Kunstchronik, 41 (1988), S. 688 ff.

215 M. C. Abromson, Clements VIII's Patronage of the brothers Alberti, in: The Art Bulletin, LX (1978), 3, S. 581 ff.

216 H. Hibbard, The Date of the Aldobrandini Lunettes, in: The Burlington Magazine, CVII (1964), S. 183 ff.

217 M. Boschin, La carta del navegar pittoresco, hg. von A. Pallucchini, Florenz 1966, S. 517 ff.

218 C. Robertson, The artistic Patronage of cardinal Odoardo Farnese, in Les Carraches et les décors profanes, a.a.O., S. 359 ff.

219 Die Quellen hierzu sind angegeben in Anm. 42.

220 Diese Dokumente wurden publiziert von F. Ch. Uginet, Le palais Farnèse à travers les documents financiers, a.a.O., S. 105 und 107 ff.

221 Die Liste in A.S.N., Archivio farnesiano, busta 2054. Zur Ikonologie von Ripa vgl. C. Stefani, Cesare Ripa. New biographical evidence, in: Journal of the Warburg and Courtauld Institutes, 53 (1990), S. 307 ff.; hier ist auch die ältere Bibliographie verzeichnet.

222 G. P. Bellori, Le vite de' pittori scultori e architetti moderni, hg. von E. Borea, a.a.O., S. 45.

223 Die Briefe des Kardinals und Masettis sind publiziert in H. Tietze, Annibale Carraccis Galerie, a.a.O., S. 147ff.

224 F. Ch. Uginet, Le palais Farnèse à travers les documents financiers, a.a.O., S. 147f., publiziert die Dokumente.

225 Der Brief Maris in A.S.P., Carteggio farnesiano estero, busta 418; schon U. Benassi, Curiosità storiche parmigiane, Parma 1914, S. 36ff., hat auf ihn hingewiesen.

Einige Teile dieses Buches wurden bereits in Form von Aufsätzen veröffentlicht, die hier überarbeitet und erweitert wurden.

Le cardinal Odoardo et les Fastes Farnèse, in: Revue de l'art, 1987, Nr. 77, S. 62–65; L'ignudo e il vestito, in A. Chastel – G. Briganti – R. Zapperi, Gli amori degli Dei. Nuove indagini sulla Galleria Farnese, Rom 1987, S. 49–68; Odoardo Farnese, principe e cardinale, in: Les Carrache et les décors profanes. Actes du colloque organisé par l'Ecole française de Rome (Rome 2–4 octobre 1986), Rom 1988, S. 335–358; Zur Vorgeschichte der Galleria Farnese in Rom. Farnese und Aldobrandini, eine Geschichte des Neides, in: Kritische Berichte. Zeitschrift für Kunst- und Kulturwissenschaften, 17, 1989, S. 5–21.

Zeittafel

1578–92	Alessandro Farnese (1545–1592), Statthalter in den niederländischen Provinzen.
1586	Alessandro Farnese folgt seinem Vater Ottavio als Herzog von Parma und Castro.
1587	Giovanfrancesco Aldobrandini wird Verwalter im Herzogtum Castro.
1588	Niederlage der spanischen Armada.
1589	Heinrich IV. wird König von Frankreich (bis zu seinem Tod 1610).
März 1591	Odoardo Farnese wird von Gregor XIV. zum Kardinal erhoben.
30. Januar 1592	Ippolito Aldobrandini wird zum Papst gewählt und nimmt den Namen Clemens VIII. an.
1. Februar 1592	Erstes Edikt Clemens' VIII. gegen die Kurtisanen.
Dezember 1592	Tod Alessandro Farneses.
	Ranuccio Farnese folgt seinem Vater Alessandro in den Herzogtümern Parma und Castro.
September 1593	Clemens VIII. erhebt seine Neffen Pietro Aldobrandini und Cinzio Aldobrandini Passeri zu Kardinälen.
Dezember 1593	Edikt des Kardinalvikars Rusticucci über die Bildzensur.
März 1594	Clemens VIII. ernennt seinen Neffen Giovanfrancesco Aldobrandini zum General der Kirche.
Sommer 1595	Der Bologneser Maler Annibale Carracci kommt auf Einladung von Kardinal Odoardo Farnese nach Rom.

April 1597	Kardinal Odoardo Farnese lädt Clemens VIII. zu einem Besuch in Caprarola ein.
1598	Edikt von Nantes.
März 1598	Anfang der Verhandlungen über die Heirat von Ranuccio Farnese mit Margherita Aldobrandini.
1598	Tod König Philipps II. von Spanien (regierte seit 1556).
März 1599	Clemens VIII. ernennt seinen Neffen Giovanni Battista Deti zum Kardinal.
Februar 1600	Clemens VIII. ernennt Kardinal Odoardo Farnese zum Protektor von England.
Februar 1600	Erstaufführung der geistlichen Oper «Rappresentazione di anima e di corpo» in Rom.
16. Februar 1600	Giordano Bruno wird als Häretiker in Rom verbrannt.
7. Mai 1600	Hochzeit von Ranuccio Farnese mit Margherita Aldobrandini.
Mai 1601	Einweihung der Deckenfresken der Galerie im Palazzo Farnese.
März 1603	Tod Königin Elisabeths I. von England. Ihr folgt Jakob Stuart.
23. August 1604	Farnesischer Aufstand in Rom.
3. März 1605	Tod Clemens' VIII.
1618	Beginn des Dreißigjährigen Krieges.
1622	Tod Herzog Ranuccio Farneses.
11. Februar 1626	Tod Kardinal Odoardo Farneses.

Stammtafel der Farnese (Auszug)

- Pierluigi der Ältere ?–1487 (?)
  - Girolama ?–1505
  - Angelo ?–1494
  - Alessandro (Paul III.) 1468–1549 ⚭ Silvia Ruffini (Konkubine) ?–1562
    - Costanza 1500 (?)–1545
    - Pierluigi Herzog von Parma 1503–1547 ⚭ Girolama Orsini
      - Vittoria Herzogin von Urbino 1519–1605
      - Alessandro Kardinal 1520–1589
        - Clelia 1557–1613
      - Ottavio Herzog von Parma 1524–1586 ⚭ Margarete von Österreich 1522–1586
        - Alessandro Herzog von Parma 1545–1592 ⚭ Maria von Portugal ?–1577
          - Margherita 1567–1643
          - Ranuccio Herzog von Parma 1569–1622 ⚭ Margherita Aldobrandini 1588–1646
            - Odoardo I., Herzog von Parma
          - Odoardo Kardinal 1573–1626
      - Ranuccio Kardinal 1530–1565
      - Orazio Herzog von Castro 1532–1553
    - Paolo 1504–?
    - Ranuccio 1509–1528
  - Gulia 1475–1524

Stammtafel der Aldobrandini (Auszug)

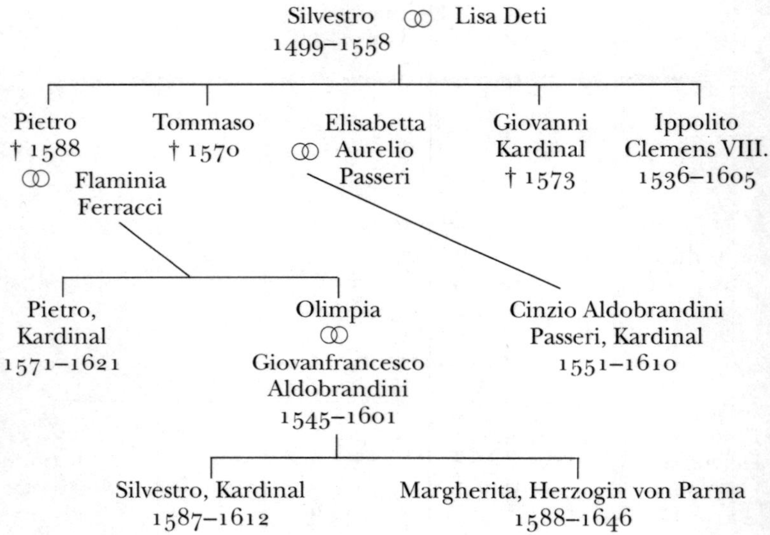

Abbildungsverzeichnis

Seite 143: Agostino Carracci Fresko. Galleria Farnese in Palazzo Farnese, Rom (Foto: GFN)

ING = Instituto Nazionale della Grafica
GFN = Gabinetto fotografico nationale

Personenregister

(Clemens VIII. und Odoardo Farnese sind fast auf jeder Seite erwähnt und deshalb im Register nicht aufgeführt)